Wolfgang Schnepper

Drei schöne Fußballgeschichten

Vier Freunde wollen wir sein

Fußballer Wamba

Fußballer Hans im Glück

Ich widme dieses Buch in Dankbarkeit meiner Ehefrau Marion Schnepper.

Wolfgang Schnepper, Jahrgang 1964, Diplomsportlehrer,
Ex-Bezirksligaspieler im Fußball,
1988-89 in der deutschen Triathlonspitze,
1990 Bayerischer Meister im Body-Building,
1998 Konditionstrainer im bezahlten Fußball,
Fußballabitur mit der Note "sehr gut",
2003 - 2006 Sportlehrer an einer Gesamtschule

Bibliografische Informationen der Deutschen
Nationalbibliothek: Die Deutsche Nationalbibliothek
verzeichnet diese Publikation in der Deutschen
Nationalbibliografie; detaillierte bibliografische Daten sind
im Internet über http://dnb.d-nb.de abrufbar.

©2021 Wolfgang Schnepper
Herstellung und Verlag: BoD- Books on Demand,
Norderstedt
Satz und Layout: Wolfgang Schnepper

ISBN 978-3-7519-9365-4

Inhalt

Vorwort

Unsere erste Geschichte handelt von vier kleinen Fußballern, einem Mädchen und drei Jungen, die gemeinsam davon träumen, einmal ein Leben als große Fußballstars verbringen zu dürfen.

Der Ort des Geschehens beginnt in der friedlichen und malerischen Stadt Passau am 9.11.1989. Es war auch der Tag als die "Mauer" fiel.

Franz, Franzi, Ron und Mike sind ihre Namen.

Ihr Leben beginnt gemeinsam, und fast gleichzeitg im Bezirkskrankenhaus Passau.

Über viele Jahre hinweg blieben diese "Vier" unzertrennliche Freunde, und schworen sich ewige Freundschaft. Doch alles sollte ganz anders kommen......

Lesen Sie selbst das traurige Ende einer einzigartigen Kinder-Freundschaft, die zum Schluss aus Verrat, Gleichgültigkeit und Hass besteht.

Diese erste Geschichte, ist wie die dritte Story "Fußballer Hans im Glück", frei erfunden. Ähnlichkeiten mit lebenden oder verstorbenen Personen sind rein zufällig.

Die zweite Erzählung "Fußballer Wamba" beruht auf einen wahren Begebenheit.

Vorwort

Die zweite Geschichte erzählt über einen Fußballer, der immer wieder in meinem Leben auftauchte, den ich kennenlernte und über den ich sehr viel erfahren sollte, dies aber mehr oder weniger ungewollt.

Ich möchte vorwegnehmen, dass die in dieser Geschichte aufgeführten sportlichen Leistungen des beschriebenen Ausnahme-Fußballers zu 80 Prozent der Wahrheit entsprechen, die Schilderungen des privaten Bereiches dieses Sportlers treffen etwa zu 20 Prozent die Realität.

Ich habe diese Veränderungen vorgenommen, damit niemand einen Bezug zu diesem Fußballer herstellen kann.

Aber die Geschichte hätte sich genau so ereignen können.

Mit diesem Buch möchte ich der Tausenden von "begnadeten" Fußballern erinnern, die jederzeit in der Bundesliga oder sogar in der Nationalmannschaft hätten spielen können, wenn sie nicht durch Verletzungspech, persönliches Unglück, ausschweifendes Nachtleben, Alkohol, Drogen oder sonstige Dinge ihr großes Talent und eine große Karriere verspielt hätten.

Einer dieser großartigen Fußballer ist der Spieler, den sie "Wamba" nannten (alle Namen in dieser Geschichte sind natürlich abgeänder worden).

Mit diesem Buch möchte ich allen Spielern gedenken, die nur aus persönlichem Pech oder geistigem Unvermögen einer großen Fußballkarriere "entkommen" sind.

Der Fußballer "Wamba" scheiterte letztendlich an seiner eigenen "Dummheit" und vor allem, weil er niemanden hatte, der ihn in die Bundesliga "hineinführte".

Vorwort

Warum das so wahr, wird im Laufe der Geschichte zu erkennen sein. Die Geschichte über einen Fußballer, den ich sehr gut kenne, der mich aber in seinem Leben kaum wahrgenommen hat, obwohl sich unser Leben mehrmals kreuzte.

Eines möchte ich vorwegnehmen, der Fußballer Wamba war das größte Fußballtalent, dass ich jemals gesichtet hatte. An dieser Stelle muss ich erwähnen, dass ich in meinem Leben viele Fußballspiele und viele Fußballer von der Kreisliga bis zur Oberliga beobachtet habe, und viele Spieler in höhere Ligen oder sogar in den Profibereich vermitteln konnte.

Beim Fußballer "Wamba" aber war nur Chaos bezüglich seiner Fußballkarriere, aber bitte lesen Sie die Geschichte selbst bis zum Ende.

Die dritte und letzte Geschichte handelt vom Fußballer Hans im Glück, der eigentlich der beste Fußballer aller Zeiten hätte werden müssen.

Doch die Lebensgeschichte dieses jungen Mannes ist ein absolutes Paradoxon. Fußballer Hans im Glück wird vom Pech gnadenlos verfolgt, aber trotzdem bleibt er Hans im Glück, auch nachdem er als junger Mann nach einem Verkehrsunfall stirbt. Lesen Sie selbst, wie so etwas möglich ist.

 # Vier Freunde wollen wir sein

Die Geburt im Bezirkskrankenhaus Passau

Unsere Geschichte beginnt in der kleinen, friedlichen und malerischen Stadt Passau, auch Dreiflüssestadt genannt. Etwa 53.000 Menschen nennen diesen Ort ihre Heimat, die an der Grenze zu Österreich sowie am Zusammenfluss von Donau, Inn und Ilz liegt.

Am 9.11.1989 wurden hier im kleinen Bezirkskrankenhaus Passau vier winzig kleine Menschen fast gleichzeitig geboren. Die Eltern dieser vier Säuglinge lebten alle oder leben vielleicht noch in der Stadt Passau.

Diese vier neuen Erdenbewohner wussten noch nichts über den "Fall der Mauer", dem Tag ihrer Geburt.

Sie wussten nichts über Montagsdemos in der DDR und Massenfluchten aus derselbigen heraus, die das DDR-Regime in die Knie zwang. Schließlich öffneten sich für die DDR-Bürger alle Grenzen, 327 Tage später, am 3. Oktober 1990 war Deutschland wiedervereinigt.

Die DDR-Bürger von damals waren nun stolze Bürger der Bundesrepublik Deutschland.

Aber all dies interessierte unsere vier Säuglinge noch nicht wirklich. Sie waren eher knatschig, hungrig oder schläfrig, vollkommen unbedarft und noch ohne jegliche Sünde.

Sie wussten noch nicht, dass sie einmal eine tiefe Freundschaft verbinden wird. Fußball ihr gemeinsames Hobby sein wird, und sie alle zu begnadeten Fußballtalenten heranwachsen werden.

Die Namen dieser vier Neugeborenen waren, bzw. sind Franz, Franzi, Ron und Mike. Drei Jungen und ein Mädchen sollten sich in einigen Jahren in einem kleinen Kindergarten in Passau

9

wiederbegegnen.

Der Kindergarten

Und wieder kam der Zufall unseren vier Freunden zu Hilfe.
Die kleinen Kinder Franz, Franzi, Mike und Ron besuchten
den gleichen Kindergarten über den genau gleichen Zeitraum
bis zur Einschulung. Ihr erster gemeinsamer Kindergartentag
war der 31.8.1993.
Natürlich fiel den Erzieherinnen der exakt gleiche Geburtstag
dieser vier Kinder auf, und setzte sie in Erstaunung, weil sie
auch noch vollkommen zufällig den gleichen Kindergarten
besuchten.
Dies wurde schließlich auch den Eltern beiläufig mitgeteilt,
die dies belustigend und erstaunlich fanden, aber dasselbige
auch genau so schnell wieder vergaßen.
Noch konnte niemand ahnen, welche innige Verbindung diese vier Kinder einmal haben würden.
Doch bleiben wir zunächst noch bei unserer Kindergarten-
Geschichte.
Franz, Franzi, Mike und Ron waren noch nicht einmal vier
Jahre alt. Sie hatten bis dahin schon etwas über den Fußballsport wahrgenommen, beiläufig im Fernsehen oder auf dem
Spielplatz davon gesehen, aber noch keinen Gedanken daran
verschwendet, einmal selbst ernsthaft diese Sportart zu trai-
nieren. Nun, ja, verständlich, im Prinzip waren es noch Rie-
senbabys.
Aber dort im Kindergarten gab es draußen auf dessen um-
zäunten Grundstücks zwei Minitore und Fußbälle, und es gab

Vier Freunde wollen wir sein

diese "Vier".

Vom ersten Tag an wurden die Minitore und die Füßbälle von diesen vier Kindern gedanklich fixiert, im Prinzip sogar mental für ausschließlich ihre persönlichen Zwecke konfisziert.

Sie waren natürlich wesentlich jünger als die meisten anderen Kinder, manche waren schon sechs Jahre alt.

Aber ihre Besessenheit von diesem Mini-Fußball machte sie schlichtweg zu den Herrschern des Mini-Fußballplatzes.

Selbstverständlich ließen sie alle anderen Kinder mitspielen, aber unsere vier Freunde spielten den Fußball mit höchster Leidenschaft. Sie wollten ein Spiel nie beenden, und keinen Tag im Kindergarten ohne Fußball verbringen.

Kurze Zeit nach ihren 4. Geburtstagen waren sie diejenigen, die die Spielregeln beim Fußball festlegten.

Es wurde einfach von den älteren Kindern akzeptiert. Sie brachten Franz, Franzi, Ron und Mike ihren Respekt entgegen, denn auch sie bemerkten deren fröhlichen Fanatismus in Bezug auf den Fußballsport. Allerdings war das wohl mehr unbewusst. Die älteren Spieler waren auch wesentlich besser als unsere vier Freunde, dies biieb bei diesem Altersunterschied nicht aus. Doch niemand spielte mit größerer Begeisterung und Spaß Fußball als unsere vier Freunde.

Desweiteren spielten sie immer in einer Mannschaft, und diese Mannschaft hieß immer FC Bayern München. Das waren zwei ihrer umumstößlichen Regeln, die alle akzeptierten.

So verloren sie auch die meisten Spiele, weil immer mehr sechsjährige Kicker in der anderen Mannschaft waren.

Aber das war den vieren vollkommen egal, sie spielten, sie kämpften, verloren meistens, aber blieben immer guten Mutes. Die Kameradschaft, Verbundenheit und Freundschaft von

 # Vier Freunde wollen wir sein

Franz, Franzi, Mike und Ron wuchsen langsam und stetig. Eine außergewöhnlich starke Kinderliebe entstand, deren Ausmaß allerdings niemals in das Bewusstsein der Kleinen vordrang. Aber dies ist bei Kindern vollkommen normal und wohl auch richtig.

Die vier waren von nun an unzertrennlich. Hatte einer von ihnen Geburtstag, wurden nur die anderen drei aus ihrer Clique eingeladen.

Verabredeten sie sich zum Spielen, trafen sich maximal die vier Freunde. Es gab nur eine einzige Ausnahme. Wurde sich zum Fußballspielen verabredet, waren alle kleinen Fußballer willkommen. Je größer die Mannschaften desto höher war die Spannung und der Spaß.

Allerdings kamen diese Art von Fußballspiel selten zustande, da Kinder in diesem Alter sehr stark von ihren Eltern abhängig sind. Logisch, kleine Racker müssen permanent beaufsichtigt werden.

So kamen die "großen" Fußballspiele auf dem Spielplatz nur manchmal in Bewegung.

Es vergingen die Jahre im Kindergarten, die Freundschaft von Franz, Franzi, Mike und Ron wuchs kontinuierlich.

Schließlich stand ihre Einschulung bevor.

 # Vier Freunde wollen wir sein

Die Grundschulzeit

Franz, Franzi, Mike und Ron wurden gleichzeitig am 3.9.1996 in Passau eingeschult. Ihre Eltern sorgten dafür, dass alle in dieselbe Grundschule und Klasse kamen. Hier fühlten die Kinder sich wohl, und ihre Freundschaft konnte ungehindert fortbestehen.

Ihre schulischen Leistungen waren gut, unsere vier Freunde lebten vollkommen unbekümmert in einer geschützten Kindheit, und träumten von einer perfekten Fußballkarriere.

Noch kannten sie nichts Böses (oder fast nichts), und ihre Freundschaft ging über alles.

Einmal spielten Franz, Franzi, Mike und Ron zusammen im Garten der Eltern Franzis (ausnahmsweise kein Fußball). Es war ein riesiger Garten, dessen Zentrum aus einem Rasen bestand. Nun, ja, sagen wir, es war einmal ein gepflegter Rasen, der durch die vielen Trainingseinheiten unserer vier Fußballler so langsam in einen "Acker " verwandelt worden ist.

Die Eltern Franzis waren nicht besonders materiell. Sie sagten sich, wenn die Kinder größer sind, wird der Rasen eben erneuert, vielleicht durch einen Rollrasen.

Dieser ehemalige Rasen mit seinem Restbestand war allerdings von Kostbarkeiten umrandet.

Zur Blütezeit blühten hier seltene und edle Blumen wie die Japanische Vogelblume (schauen Sie sich einmal Bilder dieser wunderschöne Blume im Internet an), verschiedene Ehrenpreisarten, die veredelsten Rosenarten, Tulpenblumen, Krokus, Hyazinthe, Narzissen, Schneeglanz, Alpenveilchen, Winterling, Schneeglöckchen und vieles mehr.

 # Vier Freunde wollen wir sein

Doch die Obstbäume, die den hinteren Teil des riesigen Gartens einnahmen, waren für unsere vier Freunde viel interessanter. Er nahm etwa eine Fläche von 0,2 Hektar ein, und diente den Kindern zum Verstecken spielen, Klettern und vieles mehr. Im Sommer und Herbst kosteten sie nicht zu knapp die süßen Früchte und energiereichen Nüsse des liebevoll angelegten Obstgartens.

Der Obstbaumbestand war ebenfalls edel und vielfältig. Hier gab es, und gibt es vielleicht noch, Apfel Rosette, Erdbeerbaum, Petersbirne, Honigbirne, Baumhasel, Kastanie, Walnuss, Pfirsich, Kirsche, Pflaume und Sauerkirsche.

In diesem riesigen Garten wohnte Franzi mit ihren zwei Brüdern, die kein Fußball sondern Musikinstrumente spielten, und ihren Eltern in einem großen, prunkvoll ausgestattetem Landhaus.

Trotz der materiellen Überlegenheit Franzis gegenüber ihren drei Freunden war sie natürlich, ehrlich, freundlich und auch großzügig wie ihre Eltern und ihre beiden Brüder.

Die sollte sich aber eines Tages ändern. Aber natürlich werde ich der Geschichte nicht vorweggreifen.

Der vorhin erwähnte Tag des Spielens in "Franzis Garten" neigte sich gegen den Willen unserer vier Freunde dem Ende zu. Es war früher Abend und bald müssten Franz, Mike und Ron mit ihren Fahrrädern nach Hause radeln.

Doch sie hatten da noch ein kleine Idee, um diesen schönen Sommertag einen edlen Ausklang zu geben. Hierfür brauchten sie ein kleines Lagerfeuer, und für eine kurze Zeit die Verwandlung in mutige Krieger aus dem Stamm der Apachen. Richtig, der Tag ihrer Blutsbrüderschaft, bzw Blutsschwester-

schaft war gekommen.

Franzis Papa kam der Bitte nach, und schnell war ein kleines Lagerfeuer hergerichtet. Unsere vier Krieger saßen nun am Lagerfeuer und fühlten sich unbeobachtet, aber Franzis Vater stand in der Villa an einem Fenster und fixierte vorsoglich das Geschehen. Er wolllte natürlich seine Aufsichtspflicht bei einem kleinen Feuerchen nicht verletzen.

Die Kinder konnten ihn nicht sehen, da die Sonne auf dieses Fenster schien (ein Teil der Strahlung wird hier immer reflektiert und das Glas des Fensters wirkt aus einiger Entfernung dann immer wie ein Spiegel).

Dort saßen sie nun, versorgt mit Stockbrot und Brause durch Franzis Mama, am Lagerfeuer. Die Helligkeit des frühen Sommerabends störte sie dabei nicht. Die Brause diente als "Feuerwasserersatz", das Stockbrot als Friedenspfeife.

Franzi: " Wir wollen hier am Lagerfeuer einen Schwur leisten und Blutsbrüder werden wie Winnetou und Old Shatterhand."

Franz: "Dann müssen wir uns ja den Unterarm aufritzen, habt ihr ein Messer."

Er wollte hier ein bisschen aufschneiden, und besonders mutig tun, aber ich glaube keiner von Ihnen hätte sich geritzt.

Mlke: "Lasst uns doch schwören bei unserer Blutsbrüderschaft, dass wir auf ewig vier Freunde bleiben."

Ron: "Ja, vier Freunde wollen wir sein."

 # Vier Freunde wollen wir sein

So riefen sie gleichzeitig noch einmal: "Vier Freunde wollen wir sein."

So waren sie nun Blutsbrüder und Blutsschwester. Ebenfalls waren sie davon überzeugt, dass sie auf ewig Freunde bleiben werden, und der eine sich immer auf den anderen verlassen kann. Einer für alle, und alle für einen.

 # Vier Freunde wollen wir sein

Im Laufe der Grundschule entwickelten sich aus Franz, Franzi, Mike und Ron begnadete Fußballtalente mit unterschiedlichen Stärken und Persönlichkeiten.

Franzi war der Sechser schlechthin. Sie agierte am besten als defensiver und zentraler Mittelfeldspieler direkt vor der Abwehr. Sie spielte auf Sicherheit, und fand fast immer das richtige Anspiel. Sie vermied meisten Zweikämpfe, liebte das direkte Spiel und konnte ein Spiel "lesen". Sie spielte kräfteschonend und mit hoher Spielintelligenz.

Ihr Kindertrainer verglich sie manchmal mit Günter Netzer.

Franz war der Techniker schlechthin, und der beste Innenverteidiger, den man sich vorstellen konnte. Seine Technik entwickelte sich immer weiter. Auch die Rolle eines Spielmachers nahm er im Spiel des öfteren ein.

Ab der B-Jugend konnte halbhoch geflankte Bälle mit Leichtigkeit verwandeln, auch wenn er diese Bälle außerhalb des Sechzehners genau zugespielt bekam.

Aber er war relativ lauffaul, und manchmal mangelte es auch an Ehrgeiz.

Mike war der geborene Stürmer. Er spielte und schoss beidfüßig, auf den ersten 10 bis 20 Metern war seine Beschleunigung allen anderen Spielern überlegen. Er spielte aggressiv, und suchte immer den Torabschluss.

Ron war der Läufer und Kämpfer, im Zweikampf nicht zu schlagen und gab nie einen Ball verloren. Er war nicht der

große Techniker. Niemand traute ihm eine Profi-Karriere zu. Ein fataler Irrtum, wie sich bald herausstellen sollte.

So spielten sie nun bis einschließlich der E-Jugend zusammen in einer Mannschaft des 1. FC Passau, und waren mit ihrer Mannschaft praktisch unschlagbar. Schon bald wurden große Vereine auf sie aufmerksam.

Unsere vier Freunde erlebten die schönste Kindheit und größte Freundschaft, die solche jungen Leben maximal erwarten konnten.

Keiner von ihnen zweifelte daran, dass ihre Freundschaft einmal zerbrechen könnte.

Doch da kam die weiterführende Schule und die Pubertät.

 # Vier Freunde wollen wir sein

Die Pubertät und berufliche Entwicklung

Die vier Freunde beendeten die Grundschule erfolgreich, und wechslten alle auf ein Gymnasium in Passau. Wiederum befanden sich alle vier in derselben Klasse. Allerdings begann nun im Laufe der Jahre, ihre Freundschaft zu bröckeln. Ihre schulischen Leistungen waren im oberen Drittel anzusiedeln, allerdings entwickelte sich nun ihr Ehrgeiz in Bezug auf den Fußballsport sehr unterschiedlich. Damit wurde natürlich auch der Wunsch nach einem bestimmten Berufsfeld immer mehr gefestigt (zu diesem Thema gleich mehr).

Der gemeinsame Zeitvertreib nahm bis zur Oberstufe kontinuierlich ab.

Franzi entwickelte auch niemals Gefühle in Bezug auf eine Partnerschaft mit Franz, Mike oder Ron, umgekehrt war dies auch nicht der Fall. Sie waren einfach Freunde, Kumpels und Fußballkollegen.

Die Jungens konnten die Schönheit von Franzi nicht von ihrer natürlichen Seite sehen. Dafür kannten sie sich zu lange. Sie sahen nicht die schöne athletische Figur von Franzi, ihr langes dunkles Haar oder ihre schönen grünen Augen. Sie sahen sie nicht als Frau, sondern als einen Freund.

Diese vier waren nun die großen Fußballstars der Stadt Passau.

Bis zur Oberstufe verbrachten sie viel Zeit miteinander, und besuchten ab dem 15. Lebensjahr auch so manche Party zusammen.

Doch legten Franzi und Franz ihren Gedanken an eine Fußballkarriere schnell ab. Sie wollten ihr Geld doch etwas leichter verdienen. Das sollte ihnen auch gelingen.

 # Vier Freunde wollen wir sein

Franzi entwickelte sich zu einer eiskalten Persönlichkeit.
Im Frauen-Fußball sah sie keine Möglickeit enorm reich zu
werden. Nach dem Abitur sudierte sie in Holland Sprachwis-
senschaften. Hier lernte sie einen Multi-Millionär kennen,
den sie im Jahr 2009 heiratete. Ihren Studiengang beendete
sie noch erfolgreich. Allerdings arbeitet sie bis heute nicht in
diesem Berufszweig. Nach ihrem Studiengang wurde sie
Schiedsrichterin im Fußball. Franzi absolvierte hier viele Lehr-
gänge, und wurde zu einer exzellenten Schiedsrichterin, die
schon bald Fußballspiele im Profi-Bereich pfiff.
Kinder sollten aus ihrer Ehe nicht hervorgehen.

Franz war ein begnadeter Fußballer, aber auch etwas be-
quem. Er lernte ab der Oberstufe lieber, und wollte Ingenieur
werden. Fußball blieb nur noch ein Hobby für ihn, allerdings
blieb er dem 1.FC Passau immer treu. Hier war er für viele
Jahre der beste Spieler des Vereins.
Im Jahr 2005 schloss er den Studiengang Informatik in Passau
erfolgreich ab.
Danach bekam er einen gut bezahlten Arbeitsplatz in München.
2007 heiratete er seine Maike. Vier Kinder sollten aus dieser
Ehe hervorgehen. Als Franz den Arbeitsplatz in München an-
nahm, sollte er niemals wieder seine Fußballschuhe anziehen.
Wie Franzi verlor auch er jeglichen Kontakt zu seinen ehema-
ligen drei besten Freunden.

 **Vier Freunde wollen wir sein**

Doch beschreiben wir nun unsere zwei "Spezies".
Mike strebte ein Profi-Karriere im Fußball an. Er hatte alle Fähigkeiten dazu, war aber vom Pech verfolgt. So spielte er viele Jahre lediglich in der Regionalliga von Bayern.
Sein Verdienst hielt sich in Grenzen. Morgens arbeitete er bis mittags als Bankangestellter. Abends stand er auf dem Fußballplatz, bis zu fünfmal pro Woche trainerte er mit seinem Team. Seit dem Jahr 2020 arbeitet Mike ganztags als Bankangestellter. Dies war gleichzeitig auch des Ende seiner aktiven Spielzeit.
Mike ist bis heute unverheiratet.

Ron wollte als junger Mann immer noch Profi-Fußballer werden. Er hatte am wenigsten das große Talent. Aber er arbeitete extrem an seinen Fähigkeiten als Manndecker und defensiver Mittelfeldspieler. Er entwickelte faire Härte im Zweikampf, enorme Schnelligkeit und großen Kampfgeist. Niemand hatte es ihm zugetraut, aber er wurde Profi-Fußballer 2010 beim FC Bayern München.
Im Jahr 2012 musste Ron seine Fußballkarriere beenden. Ein brutales Faul eines Gegenspielers war Schuld daran, aber dazu gleich mehr.
Auch Ron ist bis heute unverheiratet.
Mike und Ron verloren ebenfalls nach der Oberstufe komplett den Kontakt zueinander, zu Franz und Franzi brach die Verbindung zur gleichen Zeit ab.

Doch kommen wir nun zum großen Finale einer in Kinderjahren bestehenden Freundschaft, die in dieser Zeit von einer unbeschreiblichen Größe und Intensität war.

 # Vier Freunde wollen wir sein

Das Finale

Es kam so wie es kommen musste. Unsere vier Freunde trafen noch einmal zusammen, auf eine Art und Weise, die sie niemals vermutet hätten.

Der FC Bayern München traf am 13.9.2012 in der ersten Hauptrunde des DFB-Pokals auf einen Regionalliga-Verein aus Bayern. Dieser Verein besaß den besten Stürmer aus allen Regionalligen Deutschlands. Erraten, seine Name war Mike, unser Mike.

Als Schiedsrichter für dieses Spiel wurde ausgerechnet Franzi erwählt.

Aber das war noch nicht alles, im VIP-Bereich der Zuschauer sollte Franz mit seiner Frau dieses Spiel live verfolgen.

Nun waren sie alle beisammen, unsere vier Freunde.

Der Rest der Geschichte ist schnell erzählt, und wird von einer unglaublichen Dramatik begleitet.

Als die Mannschaften und die Schiedsrichter das Spielfeld betraten, grüßte Franzi ihre alten Freunde nicht. Sie würdigte deren Anwesenheit nicht mal einen Blick oder ein Lächeln. Schnell bemerkten Mike und Ron die Kaltherzigkeit ihres einstigen Freundes, und ignorierten wiederum Franzi.

Ja, Franzi war nun etwas besseres, sie befand sich nun in der absoluten Finanzelite und galt als beste Schiedsrichterin Deutschlands. Ihre alte Gutmütigkeit, Hilfsbereitschaft und Empathie war verflogen.

Für Mike wiederum war Ron nur noch ein Feind, ein Rivale. Wie konnte Ron es nur wagen, in einer höheren Liga als er zu selbst zu spielen.

 # Vier Freunde wollen wir sein

Diese Feindseeligkeit spürte Ron wiederum, und ignorierte Mike seinerseits.

Exkurs: Mike war durchaus der bessere Fußballer, das stimmte. Es ist viel schwieriger Tore zu erzielen, als zu verhindern. Gute Stürmer sind selten, gute Defensivspieler gibt es wie "Sand am Meer".
Mike hatte einfach Pech, dass er keine Angebote aus der Bundesliga bekam. Ron hatte dagegen unglaubliches Glück, dass er als Defensivspieler ein Angebot für die Bundesliga erhielt, dazu auch noch ausgerechnet vom FC Bayern München.
Allerdings Hass und Neid von Mike gegenüber Ron ist natürlich "krank".
Das Spiel begann und bekam direkt einen rasanten Verlauf. In der 3. Spielminute erzielte Mike die 1:0 Führung für seine Mannschaft, den Außenseiter.
Ron sein direkter Gegenspieler hatte einen Moment nicht aufgepasst, wurde 20 Meter vor dem Tor von Mike "getunnelt", der dann eiskalt aus 14 Metern Entfernung mit einem knallharten Schuss das erste Tor in dieser Partie erzielte.
Kurzzeitig träumte er wieder von der ersten Bundesliga, er der große Torjäger des FC Bayern München, bald einberufen in die Nationalmannschaft als Bomber der Nation.
Aber alles kam anders. Ron zeigte nun seine wahre Abwehrqualität, und Mike bekam keinen Stich mehr. Der FC Bayern München dominierte das Spiel, und führte in der 80. Minute bereits 4:1. Ron zeigte Mike die Grenzen auf, warum er niemals in der 1. Bundesliga als Stürmer spielen wird.
Mike hätte es als defensiver Spieler sicherlich geschafft, aber er wollte zu hoch hinaus.

 # Vier Freunde wollen wir sein

Nun wurde der Hass gegenüber Ron zu einer unglaublichen Größe. Gerade hatte er den Ball wieder an Ron verloren, und Mike lief fürchterlich wütend hinter Ron her. Nahe genug an ihn herangekommen, setzte er von hinten zur fürchterlichsten Blutgrätsche an, die man wohl je gesehen hat.

Das war das erwähnte Foul, das die Karriere von Ron so abrupt beendete (Waden- und Schienenbeinbruch mit komplizierter Sprunggelenksverletzung).

Mike bekam sofort die Rote Karte von Franzi, und Ron wurde mit einer Liege vom Platz getragen.

Franz murmelte im VIP-Bereich des Stadions vor sich hin:
" Vier Freunde wollen wir sein."

Maike: "Hast du etwas gesagt, Franz".

Franz: "Ich musste nur an etwas unbedeutendes aus der Kindheit denken."

 # Fußballer Wamba

Die erste Begegnung

Es war an einem Spätsommertag 1979, ich kann mich erinnern, als wäre es gestern passiert. Zu dieser Zeit war ich vierzehn Jahre alt und spielte in der C-Jugend von Tura Brüggen. Ich war der Kapitän der Mannschaft und trug die Binde schon mit einem gewissen Stolz. An diesem warmen Abend des Spätsommers war unter der Woche ein Freundschaftsspiel gegen eine Krefelder Mannschaft angesetzt worden. Selbst an die Anstoßzeit von 18.00 Uhr kann ich mich noch genau erinnern. Mit meinem Team spielte ich damals lediglich in der "Bauernliga", aber wir gehörten hier zu den besseren Mannschaften. Ich persönlich war mit vierzehn Jahren sehr akzeleriert, und damit den meisten anderen Spielern meines Alters körperlich weit überlegen. Ich war wesentlich größer und auch viel schneller als die meisten meiner Kollegen. Bei den Bundesjugendspielen lief ich in diesem Jahr die 100 m in genau 13,0 Sekunden.

Warum ich dieses so genau erzähle, wird jetzt im weiteren Verlauf meiner Geschichte schnell deutlich.

Pünktlich um 18.00 Uhr war der Anpfiff, alle waren guter Dinge und freuten sich auf das Spiel. Zudem hatten wir die Ehre, dass wir auf dem Rasenplatz spielen durften. Zu dieser Zeit war das nicht selbstverständlich, Kunstrasen gab es noch nicht. Der Rasen war frisch gemäht, und der angenehme Geruch des geschnittenen Grases lag deutlich in der Luft.

Das Spiel begann also, und schnell merkten wir, dass die gegnerische Mannschaft nicht besonders leistungsstark war. Außer einem Spieler, der allerdings relativ spät in Erscheinung treten sollte.

 # Die erste Begegnung

Nach etwa 10 Minuten konnte ich erfolgreich einen Sololauf beenden, und schoss zum 1:0 für uns ein. Wie schon angedeutet, erzielte ich damals meine Treffer aufgrund meiner körperlichen Überlegenheit, nicht weil ich ein großer Techniker war. In meiner Naivität, die in diesem Alter noch vollkommen normal ist, glaubte ich immer noch, dass ich ein Profi-Fußballer werden könnte. Nur ein Jahr später in der B-Jugend holten die anderen Spieler meines Alters physisch schon wesentlich auf, und meine guten Einzelaktionen wurden immer seltener. Aber das sei nur am Rande erwähnt.

Mitte der ersten Halbzeit fiel zum ersten Mal ein Spieler der gegnerischen Mannschaft auf. Er war körperlich der kleinste Fußballer auf dem Feld, vielleicht 1,55 m kurz oder noch weniger. Auffallend war seine kleine Schuhgröße und sein kleiner Bauchansatz. Er wirkte wie ein Riesenbaby. Erst viel später erfuhr ich, dass dieser Spieler damals erst zwölf Jahre alt war. Aufgrund seiner hohen technischen Fähigkeiten und seiner enormen Spielübersicht hatte man ihn von der D-Jugend in die C-Jugend "versetzt".

Doch kommen wir zu der ersten Begegnung. Sie spielte sich im zentralen Mittelfeld etwa 35 bis 40 Meter vor unserem Tor ab. Der besagte Spieler lief in Ballbesitz auf mich zu, ich wiederum dachte, es wäre ein Leichtes ihm den Ball abzuluchsen. Doch weit gefehlt, der kleine Gegner hantierte mit geschickten Körpertäuschungen, wobei er den Ball überhaupt nicht berührte, und ließ mich ins Leere laufen. Mit anderen Worten, ich erwartete seine Finte zur rechten Seite, er aber lief mit Ball links an mir vorbei. Dies wiederum gefiel mir gar nicht, drehte mich mit höchster Intensität um meine halbe "Achse", und verfolgte mit voller Wut diesen

 # Die erste Begegnung

"unverschämten" Gegner. Etwa 20 Meter vor unserem Tor erwischte ich ihn erneut, da ich halt ein wesentlich besserer Sprinter war. Allerdings setzte ich nun meine körperliche Überlegenheit etwas zu sehr ein. Mit anderen Worten, ich gab ihm einen leichten Schubser und der "Zweg" ging zu Boden. Prompt kam der Pfiff zum Freistoß. An dieser Stelle sei erwähnt, dass ich immer ein sehr fairer Spieler war, und während meiner gesamten Fußballkarriere nicht eine einzige Karte bekommen habe.

Der gefoulte Spieler führte den Freisoß selbst aus. Wir bildeten natürlich eine Mauer, und dachten, kann der Zwerg überhaupt bis zum Tor schießen.

Der kleine Fußballer nahm einige Schritte Anlauf, und zirkelte den Ball mit einer Präzision über die Mauer und genau "in den Winkel". Obwohl der Ball nicht hart geschossen war (bei diesem kleinen Leichtgewicht wohl auch nicht möglich), und auch nicht viel weiter geflogen wäre, hatte unser Torwart keine Chance, den Ball zu halten. Es stand 1:1.

Und nun hörte ich zum ersten Mal seinen Namen als der Trainer rief: "Gut gemacht Wamba."

Der Fußballer Wamba trat hier zum ersten Mal in mein Leben. Hier konnte ich noch nicht ahnen, dass sich unsere Wege noch häufiger kreuzen sollten.

Bevor ich die zweite Halbzeit schildere, will ich hier den Namen "Wamba" erst einmal erklären. Wie kam der Junge zu diesem Namen? Die Antwort erfuhr ich erst viele Jahre später, aber es erscheint mir sinnvoll, hier an dieser Stelle die Sache aufzukären. Der kleine Fußballer bekam den Namen aus einem russischen Märchen. Hier gab es einmal einen kleinen Jungen mit dem Namen "Wanja" der bis zu seinem

14. Lebensjahr auf einem Herd schlief, ohne aufzuwachen. Dann erwachte Wanja aus seinem Tiefschlaf, und durch dieses lange Ausruhen bekam er "Bärenkräfte". Der russische Wanja wanderte daraufhin durch ganz Russland, und rettete viele Menschen vor Unglücken, Verbrechern usw. Diesen Namen übertrug nun ein Mitspieler mit russischen Wurzeln aus der Krefelder Mannschaft auf den kleinen Mitspieler. Warum? Ganz einfach, Wamba kam erst mit zehn Jahren zum Fußballsport. Zuvor war er vollkommen unsportlich und träge, "und ruhte sich, wie der russische Wanja, nur aus". Irgendwann entdeckte er jedoch seine Leidenschaft für diesen Sport, und verbesserte seine Leistungsfähigkeit hier mit einer unglaublichen Geschwindigkeit. Aus dem Namen Wanja wurde dann irgendwann "Wamba". Nun könnten Sie, liebe Leserinnen und Leser, eine berechtigte Frage stellen: Warum spielte der hochbegabte Wamba nur für diesen "kleinen" Verein? Hier kann ich Ihnen keine Antwort geben, bis heute bleibt diese Sache für mich ein absolutes Rätsel. Vielleicht wollte er einfach für diesen Verein spielen oder seine Eltern wollten ihm den Leistungsdruck in der Jugendmannschaft eines Bundesliga-Vereins nicht zumuten. Ich weiß es nicht.

Doch kommen wir zurück zur zweiten Halbzeit. Von meinen Trainer bekam ich nun die Aufgabe, mich nur um Wamba zu "kümmern". Mit anderen Worten, in der zweiten Halbzeit agierte ich ausschließlich als Manndecker, was nicht gerade meiner Vorstellung entsprach.

Das weitere Geschehen ist relativ schnell beschrieben. Aufgrund meiner körperlichen Überlegenheit konnte ich Wamba weitgehend an gefährlichen Einzelaktionen hindern, aber nie ganz ausschalten. Er stellte seine Spielwiese, der Situation

entsprechend, um. Wurde er angespielt, nahm er den Ball meistens nicht an, sondern spielte direkt zu einem Mitspieler weiter. Er machte einfach keine Fehlpässe. Ließ ich ihm beim Anspiel etwas zu viel Zeit, setzte er sich kurzzeitig mit einer Körpertäuschung ein wenig ab, und spielte danach seinen Pass. Kurz vor Schluss dieser Partie kam es zu einer bemerkenswerten Situation. Die Krefelder bekamen ein Freistoß etwa 20 Meter zentral vor dem Tor zugesprochen. Wamba legte sich den Ball zurecht. Für diesen "Zwerg" eine enorme Entfernung. Dann geschah etwas, was ich viel später noch einmal von Wamba sehen sollte. Nur aus einer viel größeren Entfernung und mit richtig "Schmackes" geschossen.

Wamba lief an und führte den Freisoß aus. Wieder flog der Ball mit einer perfekten Präzision, und drohte wieder genau im oberen Dreieck einzuschlagen (also genau im oberen Winkel, wie man im Volksmund oft sagt). Jedoch hatten wir diesmal Glück, der Ball senkte sich nicht sark genug, und blieb einfach oben auf dem Außennetz liegen. Man konnte fast meinen, dass Wamba dies beabsichtigte, um seine technische Überlegenheit zu demonstrieren.

Danach war das Spiel vorbei, wir gewannen letztendlich 3:1.

Dieses Spiel blieb mir immer in Erinnerung, weil ich nie mehr gegen einen Fußballer spielen sollte, der technisch so perfekt war, und der war damals erst zwölf Jahre alt.

Nun müssen wir einen großen Sprung machen. Bis zur nächsten Begegnung mit Wamba sollten noch viele Jahre vergehen.

Ein seltsamer Gast

Ein seltsamer Gast

Bevor wir mit unserer Geschichte fortfahren, muss ich erst meine Biografie bis zu einem gewissen Zeitpunkt schildern. Im weiteren Verlauf des Buches wird der Grund dafür auch offensichtlich.

Mit 17 Jahren wechselte ich von Tura Brüggen zu einem Drittligisten, und spielte hier in der A-Jugend weiter. Wir spielten in der höchsten damaligen Leistungsklasse.

Schnell erkannte ich, dass ich auf diesem hohen Niveau nur ein durchschnittlicher Spieler war. Mir wurde klar, nur mit höchstem Trainingseinsatz und voller Konzentration auf den Fußballsport würde ich vielleicht einmal in der höchsten Amateurklasse spielen können. Das waren mir zu viele "Wenn" und "Aber". Ich beendete meine Fußballkarriere und begann kurzzeitig mit dem Body-Building in einem Fitness-Studio in Roermond. Damals gab es nur sehr wenige Studios, deswegen die relativ weite Fahrt. Hier entdeckte ich ein riesiges Potenzial und innerhalb von wenigen Monaten sah ich aus wie "King-Köngchen". Da ich aber beim Schulsport bemerkte, dass ich hier aufgrund meines hohen Gewichtes deutlich an Leistungsfähigkeit verlor, beendete ich vorläufig diesen Sport. Ich spielte wieder Fußball in meinem Heimatverein. Spielte nach der A-Jugend ein Jahr in der Bezirksliga und danach ein Jahr in der Kreisliga A. Aber dieser Amateursport stellte mich nicht zufrieden. Zum ersten Mal hörte ich das Wort "Triathlon", der Sport faszinierte mich. Ich träumte von einer großen Triathlonkarriere, was ich auch fast geschafft hätte. Ich kam einfach nicht von meinem hohen Körpergewicht runter, meine Muskeln wollten kaum schrum-

Ein seltsamer Gast

pfen. Nach vier Jahren Triathlon wog ich immer noch 90 Kilogramm, und sah mehr wie ein Body-Builder als ein Triathlet aus. Das waren fast 20 Kilogramm zu viel. Diesmal scheiterte ich am Gewicht. Trotzdem holte ich bei zwei Veranstaltungen den erste Platz und belegte weitere vordere Plätze. Bei zwei deutschen Meisterschaften schnitt ich auch relativ gut ab.
Während diesem vierjährigen Ausflug studierte ich erfolgreich Sportwissenschaft an der Deutschen Sporthochschule in Köln. Danach bekam ich eine Stelle als Animateur in einem Sporthotel und Leiter eines Fitness-Studios in Waldkirchen. Was bot sich an? Logisch, meine Liebe zum Body-Building entwickelte sich erneut. Nach einem Jahr stand ich mit einem Körpergewicht von 105 Kilogramm und einem Fettanteil von nur 4 Prozent auf der Bühne. Die Konkurrenz war machtlos, ich holte die Bayerische Meisterschaft 1990 im Body-Building des Verbandes BDB. Danach konnte ich mich einige Monate Profi-Body-Builder nennen, bei einigen Gastauftritten verdiente ich gutes Geld, während meiner Arbeitszeit konnte ich trainieren. Leider wurde dieses Glück durch private Umstände zerstört, ich kehrte in meinem Heimatort zurück, und leitete hier ein Fitness-Studio. Meinen damaligen Trainer, einen Physiotherapeuten und auch einen Sportmediziner, die mich in Bayern betreuten oder mir halfen, kamen natürlich nicht mit. Hinzu kam eine hohe Arbeitsbelastung, mein Body-Building-Karriere wurde abrupt beendet. Ich spielte als Ausgleich noch einmal eine kurze Zeit Fußball in der Bezirksliga. Nebenbei arbeitete ich inoffiziell als Türsteher in ener Dorf-Diskothek. Wie kann man das Verstehen, "inoffiziell"? Ich besuchte diese Disco regelmäßig, und es entwickelte sich eine Freundschaft zwischen dem Türsteher, dem Inhaber und mir.

Ein seltsamer Gast

Stillschweigend kam es zu einer Vereinbarung. Von 22.00 bis 24.00 Uhr empfing ich mit dem Türsteher die Gäste am Eingang. Die Diskothek öffnete erst um 22.00 Uhr, bis 24.00 Uhr waren fast alle Besucher anwesend. Ich diente mit meiner Erscheinung als zusätzliche Abschreckung, damit keiner auf die Idee kam, unnötig Ärger zu machen. Im Gegenzug bekam ich alle Getränke meiner Wahl gratis, ein guter Deal nach meinem Empfinden. Nach 24.00 Uhr war ich dann nur noch auf "Bereitschaft", und durfte mich in der Disco amüsieren. Im Ernstfall sollte ich aber trotzdem zur Stelle sein. Zum Glück passierte dies relativ selten, ernsthaft verletzt wurde in dieser Zeit, also meiner Zeit als Türsteher, die über etwa anderthalb Jahre ging, niemand.

Und genau jetzt geht unsere Geschichte weiter. Nach einiger Zeit fiel mir ein sonderbarer Gast auf.

Dieser männliche Gast besuchte "unseren Laden" immer nur freitags, er kam in der Regel pünktlich kurz nach 22.00 Uhr und verließ die Räumlichkeiten immer gegen 1.00 Uhr. Er war etwa 1, 75 m groß, leicht untersetzt, hatte kurze dunkelblonde Haare und war eigentlich relativ unauffällig, wenn er nicht ständig dieses leichte Grinsen im Gesicht gehabt hätte.

Er redete auch nicht. Beim Betreten der Disco sagte er lediglich "Hallo", bezahlte am Eingang seinen Eintritt und ging hinein. Später als wir ihn als Stammgast identifizierten, sagte er nur noch "Hallo", ging an uns vorbei und bestellte sein erstes Bier an der Theke. An dieser Stelle muss ich erwähnen, dass der Eintritt 5 DM betrug, für Stammgäste war der Eintritt frei. Er ging immer zielstrebig in den Hauptraum der Diskothek, direkt zur Theke und bestellte sich ein Bier. Dieses Ritual sollte sich nicht ein einziges Mal ändern. Hier muss ich nun

unsere Räumlichkeit etwas genauer beschreiben. Die Diskothek befand sich in einem alten kleinen Fabrikgebäude, und war alles andere als "fein". Also die Wände waren karg, kalt, grau und lediglich verputzt. Der Boden, ich weiß es nicht mehr genau, ob es ein reiner Betonboden war oder doch Estrich darauf lag. Der Eingang war relativ schmal und lang, also 4 Meter breit und 10 Meter lang, In der Mitte dieses Eingangsbereich war ein Stand aufgebaut, wie eine Art "Rundum-Theke". Dieser Bereich war etwa 2 Meter breit und 4 Meter lang. Hier befand sich eine kleine Garderobe für unsere Gäste, aber die meisten behielten ihre Jacken an oder warfen sie irgendwann auf der Tanzfläche in die Ecke. Da fast alle Besucher permanent auf die Tanzfläche schauten, hatte nun jeder seine Garderobe im Blickfeld. Geklaut wurde fast nie, und teure Jacken nahm hier niemand mit. Der Boden war auch nicht der sauberste. In der "Rundum-Theke" stand nun der Türsteher Rolf (Name natürlich verändert), kassierte den Eintritt und wir beide gemeinsam beäugelten unsere Gäste nach Auffälligkeiten wie aggressive Erscheinung, absoluter Trunkenheit, Drogenkonsum oder Waffenbesitz. Aber extreme Zwischenfälle gab es selten, Hausverbote wurden selten erteilt. Rolf war ein Hühne von fast 2 Metern. Ich hatte ein Kreuz wie ein Kühlschrank, dem man einen Mantel angezogen hat und hinter den beiden Theken standen auch noch drei bis vier kräftige Jungens, die ordentlich zupacken konnten. Wir konnten also getrost denken, dass wir auf "böse Jungens" abschreckend wirkten. So zurück zur Beschreibung der Räumlichkeit. Nach dem langen Eingangsbereich ging es links zum kleinen Raum mit einer langen Theke ohne Tanzfläche. Der ganze Raum hatte insgesamt etwa 100 m². Rechts führte

es zum großen Raum mit einer langen und breiten Theke und der relativ kleinen Tanzfläche von etwa 40 m² an der vorderen schmalen Seite des Raumes durch eine Stufe erhöht. Der ganze Raum betrug etwa 150 m². Es war also eine kleine und sehr spartanische Diskothek, in der man sich so richtig austoben konnte. Die Musikrichtung war so Rock, Hard-Rock, Rock`n Roll, Funk usw.

Kein DJ hätte es gewagt hier Musik von "Modern" oder "Talking" (kleiner Scherz) oder ähnliches aufzulegen. Eine "Steinigung" wäre möglich gewesen.

Im großen Raum befanden sich einige massive Stehtische und eigentlich schauten hier alle permanent Richtung Tanzfläche oder tanzten oder tranken (das war meistens Bier).

Nun kommen wir zurück zu unserem seltsamen Gast. Wie bereits geschrieben betrat er die Disco fast jeden Freitag kurz nach 22.00 Uhr. Er grüßte uns kurz im Eingangsbereich, und ging an uns vorbei. Er schritt direkt rechts in den Hauptraum an die Theke. Hier bestellte er stets ein Glas Bier, und stellte sich an einen hinteren Stehtisch von der Tanzfläche ausgesehen. Er redete fast nie mit jemanden, und wenn dann vielleicht mal zwei, drei Worte. Eigentlich fiel er mit der Zeit nur auf, weil er dieses ständige leichte Grinsen im Gesicht hatte, und er immer zur gleichen Zeit kam und ging. Dies fiel dem Besitzer bzw. Eigentümer auch auf. Er bat mich auf den seltsamen Gast ein "Auge" zu werfen, man wisse ja nie, vielleicht ist der Typ ein Psychopath. Aber auch nach einigen Monaten passierte nichts Besonderes. Vielleicht war dieser junge Mann von etwa 24 Jahren einfach nur ein bisschen einsam, und hatte schwere Schicksalsschläge erlitten. Um etwa 1.00 Uhr verließ er die Disco, und hatte etwa fünf kleine

Ein seltsamer Gast

Gläser Bier getrunken. Er kam zu Fuß, und ging wohl auch zu Fuß nach Hause. Bald darauf folgte ein Freitag, den ich wohl nie vergessen werde. Der einzige Tag in dieser Discothek an dem ich in ernsthafte Schwierigkeiten verwickelt wurde. Es war im Sommer 1991. Genauer kann ich das Datum nicht mehr angeben, trotz der bedrohlichen Abläufe in dieser Nacht. Es war so gegen Mitternacht. Ich amüsierte mich schon im Hauptraum, hatte aber zum Glück noch nicht viel getrunken, vielleicht drei oder vier Gläser Whisky. Unser seltsamer Gast war noch anwesend. Da waren wohl vier Jungens, keine Stammgäste, die einen über den Durst getrunken hatten. Diese tanzten zunächst etwas wild, ein Eingreifen schien zunächst nicht notwendig. Die wilden Gäste lockten aber bereits alle Blicke auf sich. Dann ging aber alles sehr schnell. Einer der jungen Männer schubste eine unbeteiligte Frau, fast noch ein Mädchen, so massiv, dass sie mit dem Kopf gegen die Wand stieß. Sofort rannte ich zur Tanzfläche, eine Angestellte lief zum Eingangsbereich und holte Rolf zu Hilfe. Ein weiterer Angestellter hinter der Theke im Hauptraum eilte zu Hilfe. Ich packte den Schubser mit einer Hand, und drückte ihn mit gestrecktem Arm gegen die Wand. Ich stand in einer leichten Schrittstellung, und redete ruhig auf den rüden Täter ein. Die laute Musik war bereits verstummt, und ich davon überzeugt die Sache würde nicht weiter eskalieren. Weit gefehlt, zwei der wilden Tänzer, die rechts von mir einige Meter weit entfernt standen, wollten ihren Kollegen befreien, und stürmten in meine Richtung. Doch inzwischen waren Rolf und der andere Angestellte zur Stelle und vermöbelten die Beiden nach "Strich und Faden". Meinen Bösewicht hatte ich noch fest im Griff, meine Wut stieg permanent an. Auf einmal legte

sich ein breites Grinsen in das Gesicht meines Gefangenen. Ich spürte eine Gefahr in meinem Rücken, und drehte blitzartig meinen Kopf um fast gefühlte 180 Grad. Ich sah nur den Arm, an dessen Ende eine abgebrochene Flasche war, und das Ganze sich sehr schnell auf mich zu bewegte. Ich hätte nicht mehr ausweichen können. Da packte eine Hand den Unterarm des Angreifers, und ich sah wie mehrere Faustschäge meines Retters zentral in das Gesicht des brutalen Angreifers einschlugen. Er ging daraufhin wie ein Sack Kartoffeln zu Boden. Diese Situation versuchte mein Gefangener auszunutzen, und versuchte sich mit Schlägen und Tritten aus meinem Würgegriff zu befreien. Dies alles steigerte meinen Zorn ins Unermessliche. Ich stand immer noch seitlich und zog den Übeltäter heran. Während seiner Vorwärtsbewegung schnellte mein Kopf seinem Kopf entgegen. Meine obere Stirn schlug auf seine Nase ein. Dieser "Dänemann" brach seine Nase mit einem knirschenden Geräusch, welches ich niemals vergessen werde. Er blutete natürlich stark. Wir schleiften die vier lädierten Burschen nach draußen, und ein lebenslanges "Besuchsverbot" unserer Räumlichkeiten wurde nicht gerade freundlich ausgesprochen. Die junge Frau hatte sich glücklicherweise bei dem Schubser gegen die Wand nicht verletzt, so dass wir beschlossen, die Polizei nicht zu rufen.
Dieser gesamte Vorfall dauerte nur einige Minuten (inklusive Rauswurf usw.) und der normal Disco-Ablauf kam wieder in Gang. Jetzt erst realisierte ich bewusst, dass dieser seltsame Gast mein Retter war. Ich wollte mich bei ihm bedanken, doch er war bereits gegangen. Ich rekapitulierte die gefährliche Situation weiter. Er hielt den Arm des Angreifers mit seiner rechten Hand fest, und schlug mehrmals mit der linken

 # Ein seltsamer Gast

Faust in das Gesicht des feigen und hinterhältigen Angreifers. Diese Jabs, abrupt und absolut gerade geschlagen, kamen mit einer enormen Geschwindigkeit und Präzision in ihrem Ziel an. Es erinnerte mich an den Fußballsport. Auch hier schießt ein "Linksfuß" meist härter und präziser. Das Gesicht, die relativ kleinen Füße des seltsamen Gastes, der kleine Bauchansatz, auf einmal wurde ich an den Fußballer Wamba erinnert. Auch er war ein "Linksfuß". Allerdings ist mir auch klar, dass ein "Linksfuß" nicht gleichzeitig auch ein Linkshänder ist.

Vielleicht war alles nur Zufall. Aber eines war wohl kein Zufall, nach diesem Ereignis tauchte der seltsame Gast nie wieder auf. Warum auch immer.

 # Das Fitness-Studio

Das Fitness-Studio

Wir nähern uns nun dem Hauptteil der Geschichte über den Fußballer Wamba. Überwiegend schildere ich nun die sportlichen Leistungen dieses Ausnahmefußballers. Es handelt sich natürlich fast nur von Spielen und Aktionen des Fußballers, die ich mit eigenen Augen gesehen habe. Hierbei bezieht es sich auf Amateurfußball, und Informationen über das Fernsehen, Internet oder Zeitung sind gar nicht oder nur spärlich vorhanden.

Vorab muss ich aber wieder zum Verständnis des geschichtlichen Ablaufes über meinen persönlichen Werdegang berichten. Am 2.1.1992 eröffnete ich mit meinem Schwager in Willich-Schiefbahn ein Fitness- und Gesundheitsstudio. In diesem war ich 12 Jahre lang als geschäftsführender Gesellschafter tätig. Die Stadt wurde auch sofort mein neuer Wohnort.

Meinen Job in Brüggen und meine Tätigkeit als "Amateur-Türsteher" gab ich selbstverständlich auf. Das Geschäft lief gut, alles hätte so schön weiterlaufen können.

Nach kurzer Zeit kam jemand aus einem hiesigen Verein, und wollte mich als Spieler für die Bezirksliga. Meine damalige körperliche Fitness und fußballerischen Fähigkeiten als Manndecker und defensiver Mittelfeldspieler hatten sich hier also rumgesprochen. Hier hatte ich die Kraft noch einmal, "eiskalt" abzusagen. Dann kam ein Verein ganz in der Nähe der Stadt Willich auf mich zu. Hier sollte ich als Spieler, Konditionstrainer und Co-Trainer gleichzeitig aktiv werden. Auch finanziell war das Angebot interessant. Diesmal wurde ich "schwach" und nahm das Angebot an. Allerdings nur unter

der Voraussetzung, dass meine Arbeit sich rein auf die des Trainers begrenzt, aktiv spielen wollte ich nicht mehr. Der Deal war perfekt, und ich stolzer Konditions- und Co-Trainer einer Bezirksliga-Mannschaft. Nun, wir waren nicht so erfolgreich, schnell wurde der Trainer entlassen, ein neuer kam, aber trotzdem stiegen wir ab. Der Verein wollte mich dennoch für die neue Saison verpflichten, aber die zeitliche Belastung war für mich zu hoch. Ich brauchte mehr Zeit für mein Geschäft und besonders für meine damalige Freundin Marion, die am 16.12.93 meine Ehefrau auf Lebenszeit wurde.

Warum erzälhle ich das Ganze? Die Erklärung ist recht simpel. Irgendwie konnte ich extrem schnell erkennen, ich brauchte dabei höchstens ein komplettes Fußballspiel zu sehen, wie leistungsstark oder talentiert ein Spieler ist. Der betreffende Fußballer konnte dabei auch einen "schlechten Tag" haben, die grundsätzliche Spielanlage konnte ich stets darunter erkennen. Diese Fähigkeit wurde mir erst als Co-Trainer bewusst. Klar auch, jetzt beobachtete ich die Spieler natürlich genauestens, als Spieler auf dem Platz ist die Perspektive eine andere. Als neutraler Beobachter ist man nicht so intensiv auf die einzelnen Spieler focussiert.

Okay, diese Fähigkeit sprach sich ebenfalls schnell herum. Der erste Verein trat an mich ran. Ich sollte einen Defensivspieler für einen Regionalligisten finden, der aus einer unteren Amateurliga kommt, und trotzdem das Potential für die vierte Liga hat. Hm, keine leichte Aufgabe, aber die Belohnung wollte ich mir nicht entgehen lassen. Anmerkung: Werden solche Spieler erfolgreich vermittelt, spart der Verein zunächst viel Geld. Der angeheuerte Spieler agiert die erste Saison für ein sehr

kleines Gehalt. Etabliert sich der entsprechende Spieler, steigt sein Wert in der nächsten Saison. Regionalliga-Spieler im Fußball verdienen 2ooo bis 7000 Euro pro Monat. Eigentlich könnte man auch hier von einer Profi-Liga sprechen.

Ich machte mich also auf die Suche, beobachtete Spiele, las den Sportteil vieler Zeitungen und hörte auf mündliche Berichte. Bekam ich positive Informationen über einen relativ jungen Spieler, war ich beim nächsten Spiel anwesend. Nach ein paar Wochen besuchte ich die Partie zwischen zwei Landsligisten. Hier sollte ein extrem schneller, aber auch "blinder" Mittelfeldspieler im Team sein. Bingo, ich hatte meinen Spieler gefunden. Ein einziges Spiel reichte. Der Mann war extrem schnell, er ging an seine Gegenspieler vorbei, ohne großartig Finten anzuwenden. Er war einfach zu schnell, ich schätze dieser junge Mann lief hangestoppt die 100 Meter um die elf Sekunden. Er umspielte in seinen Einzelaktionen ein bis zwei Gegenspieler ohne Mühe, und spielte dann seinen nächsten Kollegen an oder schoss mit großer Wucht und präzise auf das Tor, wenn er sich in dessen Nähe befand. Eine Spielübersicht besaß dieser Spieler nicht, mehr als seinen nächsten Mitspieler konnte er auf dem Platz nicht erkennen. Er war "blind". Wahrscheinlich der Grund warum er immer noch nur in der Landesliga spielte. Doch seine fußballerischen Qualitäten reichen locker für die Regionalliga. Ich vermittelte ihn erfolgreich. Der betreffende Spieler setzte sich über Jahre in dieser Regionalliga-Mannschaft durch. Mein kleiner Erfolg erfüllte mich mit nicht geringem Stolz. Mein nächster Auftrag sollte bald folgen.

 # Das Fitness-Studio

Im Sommer 1993 kam ein älterer Herr in mein Fitness-Studio und wollte Herrn Schnepper sprechen. Der Besucher war mit einem perfekt sitzenden grauen Anzug, weißem Hemd und einer Krawatte gekleidet. Auch seine schwarzen Lederschuhe wirkten sehr edel. Sofort erkannte ich, dieser Mann suchte kein Probetraining, sondern es muss sich um eine andere Angelegenheit handeln. Ich gab mich zu erkennen und war erleichtert, dass es sich "nur" um Fußball handelte.

Der Herr war vom Vorstand eines Fußballvereins, der zu diesem Zeitpunkt in der Oberliga spielte.

Der Verein suche einen weiteren Stürmer für die nächste Saison, und ich solle aus der Kreisliga bis Verbandsliga einen brauchbaren und bestimmmten Stürmertyp suchen.

Dazu hielt er ziemlich genau diese Rede, die ich in meinem ganzen Leben nicht vergessen werde:

"Ich suche einen Stürmertyp der besonderen Art.

Sie wissen ja es gibt viele unterschiedliche Stürmertypen, die jeder in Fußballkreisen kennt. Da ist der Konterstürmer oder Stoßstürmer, der im vollen Lauf den Ball mitnehmen kann und eine große Spielübersicht besitzt; der Flügelstürmer mit hoher Grundschnelligkeit, präziser und wuchtiger Flanken, aber auch mit gefährlichem Torabschluss; der Mittelstürmer, der den Ball abschirmen kann, die Lücken in der gegnerischen Abwehr findet, dribbelstark ist und eiskalt mit dem Torschuss oder Kopfball abschließt; der Halbstürmer, der Jokerstürmer, der Aushilfsstürmer usw.

Aber der König der Stürmer ist immer seltener anzutreffen, da auch die Stürmer mit immer mehr Laufarbeit konfrontiert werden. Aber genau so einen Stürmer suchen wir.

Das Fitness-Studio

Warten Sie, ich werde es Ihnen genauer erklären.

In den meisten Fällen ist das mit der Laufarbeit richtig, aber es gibt Ausnahmespieler, die davon befreit werden müssen, ansonsten werden diese Fußballer nie ihr maximales Leistungsvermögen erreichen.

Dieser Spielertyp wird von den meisten Trainern eher nicht erkannt und im Training und Wettspiel mit falschen Übungen und taktischen Einstellungen belastet.

Befindet sich aber der Ball in der Nähe eines solchen Spielers, explodiert dieser Mittelstürmer förmlich und wenn er den Ball bekommt, sieht er nur noch das Tor und den Abschluss.

Ein bis zwei Tore schießen diese Spieler durchschnittlich pro Spiel. Er ist auf den ersten zehn Metern viel schneller als die Gegenspieler und besitzen eine riesige Schusskraft.

Besitzen wir einen solchen „Wunderstürmer", der uns 20 – 50 Tore pro Saison garantiert, dann steigen wir auf."

Ich verstand sehr schnell, was der Herr meinte, obwohl er sich nicht klar ausdrückte. Deswegen muss ich Ihnen, liebe Leserinnen und Leser, eine Erklärung abgeben, damit auch Sie seine Bitte vollkommen verstehen.

Er suchte praktisch einen Stürmertyp wie Gerd Müller.

Diese dürfen nicht mit extremen Laufwegen belastet werden, weil Ihre Torgefährlichkeit dann schwindet.

Es ist natürlich klar, dass ein solcher Spieler nicht in ein 4-6-0 System passt, wie z.B. in die spanische Nationalmannschaft.

Es ist auch klar, dass dieser Stürmertyp es gegen nationale oder internationale Top-Abwehrspieler sehr schwer hat, aber diese Extreme lassen wir hier außen vor.

Warum gibt es einen solchen Spielertyp?
Ich gebe hier kurz eine physiologische Erklärung ab, warum bestimmte Athleten nicht ständig mit vielen Laufwegen und kämpferischen Aktionen konfrontiert werden dürfen.
Manchmal beobachten wir Stürmer, die uns „lauffaul" erscheinen, die aber förmlich explodieren, sobald sie in Ballnähe oder Ballbesitz sind. Diese Spielertypen sind extrem antrittsschnell und kaum vom Ball zu trennen.

Aber was unterscheidet diese Spieler körperlich von anderen?
Jeder Mensch besitzt langsame oder schnelle Muskelfasern, die langsamen sind gut für Ausdauerleistungen und die schnellen für Schnellkraft und Schnelligkeit.
Es gibt nun Stürmer, die überwiegend schnelle Muskelfasern in der Beinmuskulatur haben und damit den anderen Spielern an Schnelligkeit, Sprungkraft und Schusskraft weit überlegen sind (Voraussetzung ist natürlich eine gute Koordination und bei der Schusskraft eine gute Technik).
Konfrontiere ich diesen Spieler nun permanent mit Laufleistungen, übersäuern und ermüden diese Athleten und verlieren an Torgefährlichkeit, bis hin zur „Torharmlosigkeit".

Der Trainer muss solche Ausnahmespieler erkennen und dementsprechend in seine taktischen Maßnahmen einbauen, damit solche spielentscheidenen Athleten nicht durch eigene Maßnahmen blockiert werden.
Auch im Training werden diese Spieler nicht ständig mit harten, übersäuernden Trainingsübungen belastet, weil sonst die Dynamik darunter leidet.

43

Um dies zu verdeutlichen, stellen wir uns Folgendes vor: Trainiere ich einen 100m Sprinter zusätzlich regelmäßig mit harten Ausdauereinheiten, wird dieser über 100m bis zu einer Sekunde und mehr langsamer laufen.

Hier kann ich aus eigener Erfahrung sprechen. Als ich vom Fußball zum Triathlon wechselte, verschlechterte sich meine 100m Zeit innerhalb von einem halben Jahr von 11,3s auf 12,2s und nach vier Jahren auf 13,2s (dieser Prozess ist zum Glück umkehrbar).

Doch kommen wir zurück zum Vortrag unseres Besuchers in meinem Fitness-Studio. Ich sagte ihm, dass es für einen solchen Stürmertyp sehr schwer werden wird, sich in der Oberliga in der heutigen Zeit durchzusetzen. Er aber bestand darauf, dass ich ihm einen solchen Stürmertyp beschaffen sollte. Nachdem er mir meine Vergütung für einen solchen positiven Transfer mitteilte, räumte er meine Zweifel aus dem Weg, und ich begann meine Suche. Was das jetzt alles mit dem Spielertyp "Wamba" zu tun hat, erfahren Sie im nächsten Kapitel.

Auf dem Fußballplatz

Auf dem Fußballplatz

Auf der Suche nach diesem speziellen Stürmertyp "reiste" ich von Saisonvorbereitungsspiel zu Saisonvorbereitungsspiel. Hierbei wählte ich Mannschaften von der Kreisliga A bis zur Landesliga aus. Sie fragen sich vielleicht "Spieler aus der Kreisliga A für die Oberliga"? Nun, es ist schon vorgekommen, dass junge Fußballspieler den Sprung aus der Kreisliga A direkt in die 1. Bundesliga geschafft haben.

Nach einigen Wochen beobachtete ich ein Freundschaftsspiel zweier Mannschaften der Bezirksliga aus dem Viersener Raum. Für mich war hier besonders ein Stürmer interessant, der in der Saison 92 / 93 erstaunliche 38 Tore in den betreffenden Pflichtspielen schoss. Wer dies in der Bezirksliga schafft, kann wahrlich kein "Stümper" sein.

Schon nach der ersten Halbzeit wusste ich, dass ich den richtigen Stürmer gefunden hatte. Er war etwa 1,80 m groß, und wog geschätzte 90 kg. Der Stürmer hatte den Aktionsradius eines "Kanaldeckels", aber einmal in Ballbesitz gab er diesen nicht mehr so schnell her. Hierbei suchte er konsequent den Torabschluss. Dieser reine Stürmertyp schirmte den Ball perfekt ab, und drückte mit seinem hohen Körpergewicht und Muskelmasse seine Gegenspieler auf erlaubte Weise weg. Auf den ersten 10 bis 20 Metern war er allen anderen Spielern an Schnelligkeit haushoch überlegen. Nach 45 Minuten hatte er bereits zwei Tore erzielt. Ich hatte meinen Stürmer also gefunden, auch wenn er in der zweiten Hälfte nicht mehr auflief. Und nun kommen wir zu einer Sache, mit der ich nicht gerechnet hatte. Der Stürmer interessierte mich zu Beginn der zweiten Hälfte auch nicht mehr, denn in der gegnerischen

# Auf dem Fußballplatz

Mannschaft befand sich ein Techniker, der mit seiner eleganten und perfekten Spielweise alles andere überschattete. Für einen Fußballexperten wie mich, was ich getrost behaupten kann, wurde dies nach nur wenigen Minuten der ersten Halbzeit offensichtlich. Zunächst beschreibe ich die beste Aktion des auffälligen Mittelfeldspielers aus der ersten Halbzeit. Seine Mannschaft spielte einen Konter geschickt aus, bei dem sich der genannte Techniker gerade im Sturmzentrum befand. Er bekam den Ball etwa an der Mittellinie und hatte tatsächlich nur noch zwei Gegenspieler vor sich, einen Innenverteidiger und den Torwart. Für wahr, in diesem Raumbereich lag eine seltene Konstellation vor. Besonders für eine Mannschaft die Dank ihres Wunderstürmers schon 2:0 vorne lag. Die drei Spieler waren also praktisch erst mal unter sich.

Der Techniker nahm den hoch gespielten Ball perfekt an, und drehte sich mit Ball in den Gegenspieler rein. Dieser dachte, er könne den Ball mit Leichtigkeit wegspitzeln. Aber genau in diesem Moment spitzelte sein Kontrahent den Ball haarscharf an ihm vorbei, und flitzte Richtung Tor. Der verdutzte Innenverteidiger sprintete hinterher. Der Techniker hatte zunächst eine weite Ballführung, als er seinen Gegenspieler im Nacken spürte, wurde die Ballführung extrem eng, dann kam eine plötzliche Körperdrehung mit Richtungswechsel. Der innenverteidiger lief zwangsläufig vorbei. Nun lief der ballführende Spieler erneut auf den Abwehrspieler zu, umspielte ihn noch einmal mit Leichtigkeit und schoss aus etwa 15 Metern Entfernung den Ball knallhart halbhoch rechts in den Kasten. Und jetzt kam der Moment, den ich niemals vergessen werde. Aus allen Ecken und Richtungen hörte ich sie rufen "Wamba". Der Fußballzwerg, der mir vor rund vierzehn Jahren

fußballtechnisch alle Mühe abverlangte, als ich ihn auf Anweisung meines damaligen Trainers in Manndeckung nehmen musste, spielte hier vollkommen unerwartet vor meinen Augen. Nun stellten sich mir einige Fragen. Warum spielte dieser "brilliante Linksfuß" nur in der Bezirksliga? Warum das mit 27 Jahren, dem Höhepunkt einer normalen Fußballkarriere (etwa mit 25 - 32 Jahren liegt der fußballerische Höhepunkt eines Feldspielers vor)? Fragen über Fragen, die im Laufe meiner Geschichte aber von selbst beantwortet werden. Nun betrachtete ich Wamba genauer. Und ich erkannte den jungen Mann wieder, der in "meiner" Dorf-Diskothek meinen gemeinen und hinterlistigen Gegner mit kurzen Jabs seiner linken Faust niederstreckte. Was für ein Zufall, sollte ich mich ihm nach dem Spiel zu erkennen geben, mich bedanken? Nein, das wäre in dieser Situation wohl lächerlich, dachte ich zumindest. Wenn sich eine Gelegenheit bieten sollte, werde ich das mit Sicherheit tun, so verblieb ich in meinen Gedanken.

Die zweite Halbzeit begann. Sie können sich sicherlich vorstellen, dass ich sie mit Spannung erwartete. Ich nehme vorweg, dass die Mannschaft von Wamba das Spiel noch mit 3:2 gewann. Alle Tore schoss er selbst. Sein zweites Tor war eine direkt verwandelte Ecke, sein drittes Tor ein direkt verwandelter Freistoß aus etwa 25 Metern. Dieser war so hart und platziert über die Mauer geschossen, dass der Torwart nicht einmal reagierte, als der Ball genau im "Winkel" einschlug. Im gesamten Spiel machte Wamba keinen einzigen Fehler, er hatte keinen Fehlpass zu verzeichnen und verlor auch keinen Zweikampf. Seine Spielübersicht war nahezu perfekt, diese Liga war für ihn eigentlich eine Unterforderung. Ich betone

aber, dass Wamba trotzdem Spaß am Spiel hatte, nicht überheblich war und seine Sache vollkommen ernst nahm. Ich beschloss, diesen Ausnahmespieler weiter zu beobachten. Er hatte mein Interesse geweckt. Warum sollte ich nicht versuchen, ihn in höhere Ligen zu vermitteln? Für die erste Bundesliga war es fast zu spät, aber immer noch nicht unmöglich. Mit diesen Gedanken verließ ich damals den Sportplatz.

Folgenden Sachverhalt muss ich hier noch ergänzen. Den zuvor entdeckten "Wunderstürmer" konnte ich erfolgreich vermitteln, meine Provision einkassieren. In der ersten Saison war der Spieler in der Oberliga sogar recht erfolgreich mit 14 Treffern. Aber letztendlich konnte er sich in dieser Liga nicht durchsetzen. Schnell konnten sich die gegnerischen Abwehrspieler auf diesen Stürmertyp einstellen. in der nächsten Saison schoss er nur noch wenige Tore. Er wechslte schließlich zu einem Landesligisten und war hier noch einige Jahre sehr erfolgreich.

Heimspiel

Heimspiel

Der Spieler Wamba begann mich immer mehr zu interessieren. Auch suchte ich die passende Gelegenheit, um mich bei ihm zu bedanken. Allerdings muss ich an dieser Stelle durchaus zugeben, dass die fußballerischen Fähigkeiten dieses Fußballers die Priorität meiner Aufmerksamkeit ausmachten. Es machte einfach Spaß, diesen Techniker auf dem Platz zu beobachten. Man bekam eine kleine "Zirkusvorstellung", und das auch nur für, glaube ich, drei D-Mark pro Spiel.

Desweiteren erhoffte ich, diesen Spieler an einen Regionalligisten oder sogar Bundesligisten vermitteln zu können. Hiermit könnte ich mich bei ihm revanchieren, und eine Belohnung für mich durch den betreffenden Verein wäre ebenfalls nicht von Nachteil.

Damals konnte ich noch nicht wissen, dass meine Mühe vollkommen nutzlos sein würde. Hier nehme ich einen Teil der Geschichte vorweg. Der Fußballer Wamba sollte noch einige Jahre für diesen Verein spielen. Dieser hatte ihm als Gegenleistung einen guten Job verschafft, und er bekam auch noch sehr gutes "Handgeld" für entsprechende Leistungen.

Nach meinen Recherchen, die ich aber nicht mit Sicherheit bestätigen kann, betrug dieses "Taschengeld" zwischen 12.000 und 20.000 DM pro Saison (!).

Eine Woche später war also das nächste Spiel von Wamba und seiner Bezirksligamannschaft. Es war ein Heimspiel, und ich brauchte nicht weit zu fahren. Es war ein Freundschaftsspiel gegen eine Mannschaft aus der Kreisliga A, ebenfalls aus dem hiesigen Raum. Es war das einzige Spiel, in dem Wamba etwas unmotiviert wirkte. Also das einzige Spiel, welches ich

jemals verfolgte. Aber auch hier gab es schöne Highlights. Auch in diesem Spiel machte Wamba keinen einzigen Fehler, er spielte allerdings sehr schnell oder sogar direkt ab, wobei es sich meistens um Sicherheitspässe handelte. Er schaltete sich selten in den Angriff ein, brauchte er auch nicht, seine Mannschaft war sowieso überlegen.

In der ersten Halbzeit wollte er sich dann doch einmal profilieren, umspielte kurz hinter der Mittellinie drei gegnerische Spieler, und schoss den Ball zentral aus 20 Meter Entfernung mit einer solchen Wucht in den Kasten, dass der Torwart nicht einmal reagierte.

In der zweiten Halbzeit sah ich ein Tor, das ich mein ganzes Leben lang nicht vergessen werde.

Es war ein Freistoß aus etwa 60 Meter Torentfernung, fast an der rechten Außenlinie. Wamba wollte ausführen und sollte ausführen. Ich rechnete mit einem kurzen Abspiel oder einer Flanke so an den Sechzehner. Wamba ließ sich viel Zeit, legte sich den Ball "ordentlich" zurecht und nahm relativ viel Anlauf. Er schoss tatsächlich direkt auf das Tor. Der Ball schien gefühlt, eine ständige Höhe von nur einem Meter zu halten. So etwa 15 bis 20 Meter vor dem Tor änderte der Ball seine Flugbahn stark nach rechts, und beendete seine Reise im Tornetz. Ich kann mich an die kurzzeitige Ruhe im Stadion erinnern. Gefühlte zehn Sekunden hörte man keinen Jubel, keinen Beifall und keine Stimmen. Alle waren irgendwie "geschockt" von diesem Tor. Danach dauerten Jubel und Gespräche über dieses Ereignis schon etwas an. An dieser Stelle muss ich erwähnen, dass Wamba z.B. einen Abstoß über das ganze Spielfeld hinbekam, und er einmal seine Ballgeschwindigkeit mittels Lichtschranken bei einem Hallenturnier

Heimspiel

messen lassen konnte. Hier war in der Halle irgendwo neben der Spielfläche eine entsprechende Apparatur aufgebaut. Seine gemessene Schussgeschwindigkeit von 127 km/h wurde sogar in der Zeitung erwähnt.

Das Spiel gewannen Wamba und seine Truppe übrigens mit 6:2.

Die Regionalliga kommt

Die Regionalliga kommt

Im Folgenden entsprechen die Spielberichte über Wamba und seine Mannschaft nicht mehr der chronologischen Reihenfolge. Ich habe etwa 50 derer Spiele verfolgt, und kann mich längst nicht mehr an alle erinnern. Aber ich kann mich an alle Informationen erinnern, die ich über Wamba erfahren habe. Es sind alles mündliche Überlieferungen, die ich fast ausschließlich am Sportplatz bei Heimspielen erfahren habe.

Die Authentizität dieser Informationen habe ich allerdings nie geprüft. Natürlich habe ich mich bei meiner "Schnüffelei" nie als Head-Hunter zu erkennen gegeben. Man kann sich plastisch vorstellen, was mit mir passiert wäre, wenn ich bei einem Heimspiel offen verkündigt hätte: Hey, ich bin ein Head-Hunter, beobachte euren besten Spieler, und will ihn höherklassig vermitteln."

Die ersten Informationen, die ich aufschnappte waren, dass Wamba verheiratet war, und zu diesem Zeitpunkt stolzer Vater zweier Söhne war. Der eine war gerade geboren, der andere schon fünf Jahre alt.

Im Sommer 1991 verlor er beide Elternteile durch einen Autounfall. War das vielleicht der Grund, warum er damals so abrupt seine Besuche in der Dorf-Diskothek einstellte?

Die Beantwortung der Frage erschien mir aber vollkommen unwichtig. Mich schockierte mehr dieses schreckliche Ereignis, und ein Mitgefühl der Trauer konnte ich in diesem Moment nicht abstreiten, zu kurz lag der Unfall zurück.

Er war ein Einzelkind, um das sich seine Eltern sehr kümmerten. Als er sich mit zehn Jahren sehr spät dem Fußballsport widmete, unterstützten ihn seine Eltern ihn hierbei.

 # Die Regionalliga kommt

Wamba war voller Ehrgeiz, und trainierte viele zusätzliche Einheiten vollkommen allein. Hierzu brachte ihn sein Vater oft mit dem Auto zu einem nahegelegen Aschenplatz.

Damals gab es davon noch viele, und auf einem Aschenplatz durfte jeder spielen oder trainieren, außer zu den Zeitpunkten des normalen Spiel- und Trainingsbetriebs.

Zwei Netzte mit Lederbällen soll er immer dabei gehabt haben. Während der ein- bis zweistündigen Einheit übte er pausenlos Freistöße, Strafstöße und Einwürfe. Das würde auch erklären, warum er zum perfekten Schusstechniker wurde.

In seiner Jugend spielte er ausschließlich für einen kleinen Verein im Krefelder Raum. Er bekam später Angebote von höherklassigen Vereinen. Aber sein Vater wollte angeblich diese Förderung und sportliche Verbesserung nicht. Wollte Wamba sie auch nicht? Spätestens ab der A-Jugend hätte er die Entscheidung alleine treffen können. Ich vermute, er wollte damals ebenfalls seinen Verein nicht verlassen. Warum ich das glaube? Auch dieses wird sich im weiteren Verlauf meiner Geschichte aufklären. Hier breche ich die Informationsreihe über das Privatleben von Wamba erst einmal ab. Ich sehe nun das Pokalspiel gegen einen Regionalligisten wieder ganz deutlich vor meinen Augen. Die Truppe von Wamba war inzwischen in die Landesliga aufgestiegen, und hatte sich mehr als entsprechend durch Neuzugänge verstärkt. Ein direkter Aufstieg in die Verbandslige war geplant. Das Spiel fand im Sommer oder im Spätsommer 1994 mitten in der Woche statt. Es war ein Heimspiel. Mindestens 500 Zuschauer waren anwesend. Natürlich darf man hier nicht verschweigen, dass der Regionalligist eine "Supertruppe" hatte, und den Aufstieg in die 3.Liga energisch anstrebte.

 # Die Regionalliga kommt

Die Regionalligisten begannen das Spiel mit extremer Schnelligkeit, und suchten zielstrebig den Weg zum Tor. Der Landesligist schien überfordert, und lag nach drei Minuten schon mit einem Tor zurück. Die Sache schien klar. Aber nun solllte Wambas größtes Spiel seines Lebens folgen. In der fünften Minute bekam er den Ball halbrechts etwa fünf Meter vor dem Sechzehner zugespielt. Er führte und dribbelte den Ball parallel zum Sechzehner Richtung Tormitte, und suchte eine Schussmöglichkeit mit seinem starken linken Fuß. Zwei gegnerische Spieler verfolgten ihn, konnten ihn aber nicht stoppen. Wamba fand aber auch keine Schussmöglichkeit. Nun erkannte ich, dass sie über Wamba Informationen bekommen hatten. Die Gegenspieler konzentrierten sich nur darauf, die linke Seite zuzustellen. Gleichzeitig sah ich, dass Wamba nicht auf den Torschuss pochte. Seine Gegner waren zu stark, zu erfahren, zu schnell und in der Überzahl. Sie konnten ihn aber auch nicht vom Ball trennen. Nun trat ein, was Wamba erhoffte. Er wurde 20 Meter zentral vor dem Tor gefoult, der Freistoß gepfiffen. Wamba hämmerte den Ball mit Vollspann knapp an der Mauer vorbei. Der Ball landete genau im "Winkel" der Torwartecke. Der Torwart zeigte kaum Reaktion. Es stand 1:1.

Der Landesligist wurde nun stärker, und konnte dem schnellen Spiel des Gegners trotzen. Sie kämpften tapfer mit "Mann und Maus". Doch wie lange könnten sie dem überlegenen Regionalligisten trotzen?

Nach 45 Minuten stand es immer noch 1:1. Die zweite Halbteit begann. Wiederum erzielte der Gast nach nur wenigen Minuten ein Tor, Spielstand 1:2 aus der Sicht des Gastgebers. In der 60. Minute bekam der Landesligist einen Eckball von

Die Regionalliga kommt

der linken Seite zugesprochen. Wamba sollte ausführen. Diesen Eckball sollte in einzigartiger Ausführung stattfinden. Wamba erkannte, dass der kurze Pfosten durch keinen Gegenspieler gesichert wurde (!). Wie konnte dieser Fehler einer Regionalmannschaft passieren? Dafür hatte ich keine Erklärung. Sie hatten doch Informationen über diesen ausführenden "Eckballspieler ". Na, gut, das sollte nicht mein Problem sein.

Wamba lief an, und schoss den Ball Vollspann mit voller Wucht, absolut gerade, flach auf der Linie, wie an der Schnur gezogen. Irgendwie drehte sich der Ball um den kurzen Pfosten, und war im Tor. Die Spieler jubelten, zumindest jeder zweite auf dem Platz. Es stand 2:2. Etwa 10 Sekunden lang verstummten alle Zuschauer, bevor sie begriffen, was hier passierte. Ich hörte wie der gegnerische Trainer wörtlich sagte: " Wenn wir den hätten, wären wir ein ganz schönes Stück weiter."

Die Landesligisten kämpften weiter, doch erkannte man, dass ihre Kräfte zusehends abnahmen. In der 82. Minute mussten sie das 2:3 hinnehmen. Die Sache schien gelaufen.

In der Nachspielzeit bekamen sie aber einen Freistoß etwa 30 Meter vor dem Tor zugesprochen, halbrechte Position. Die Mannschaft war "platt". Was würde Wamba machen? Ich blickte zum Trainer. Er schüttelte den Kopf, und gab Wamba zu verstehen, er solle den Freistoß nicht ausführen. Dies war die richtige Entscheidung. In der Verlängerung würde seine Mannschaft "sang- und klanglos" untergehen, falls er verwandelt. Wamba erkannte die Situation, und wollte schon auf die Ausführung des Freistoßes verzichten. Doch auch sein Sohn stand am Spielfeldrand, und rufte "dummerweise" zu

seinem Vater: " Papa, schieß den Ball rein". Nun, sein Stolz war gefragt, er wollte seinen Sohn nicht enttäuschen, schnappte sich den Ball, und führte den Freistoß aus. Er schoss mit dem Innenspann, der Ball Flog einen Bogen, und schien weit über das Tor zu gehen. der Torwart konnte die Flugbahn nicht mehr berechnen. Etwa 15 Meter vor dem Tor senkte der Ball sich rapide, flog irgendwie einen weiteren Bogen, und verschwand rechts im Netz.

Der Rest der Geschichte ist schnell beschrieben. In der Verlängerung verlor der Landesligist das Spiel mit 6:3.

# Angst vor Misserfolg

Angst vor Misserfolg

So verging Woche für Woche, Monat für Monat, an deren Wochenende ich den Spieler Wamba und seine Truppe beobachtete. Ihn an einen höherklassigen Verein zu vermitteln, hatte ich längst aufgegeben. Entweder Wamba lehnte ein Angebot ab oder der Verein sagte schon von sich aus: "Ne, der kommt eh nicht zu uns."

Aus mündlichen Überlieferungen erfuhr ich am Sportplatz, das Wamba vor einigen Jahren doch an einem Probetraining bei einem Bundesligisten im Ruhrgebiet teilnahm. Hier soll er während des Trainings dieses unterbrochen haben, und in der Umkleidekabine seelenruhig eine Zigarette geraucht haben. Das blieb natürlich nicht unentdeckt, der Spieler Wamba durfte sich sofort umziehen, und den Heimweg antreten. Langsam dämmerte mir, warum er es nie ganz nach oben schaffte. Ich nehme vorweg, dass das Rauchen nicht der Grund, zumindest nicht der Hauptgrund war.

Dann erhielt er noch einmal ein Angebot eines Bundesligisten aus dem Osten. Der entsprechende Trainer sichtete den Spieler Wamba bei einem Besuch hier am Niederrhein. Dieser antwortete dem Trainer, dass er nicht kommen könne, weil er nächste Woche arbeiten müsse (!). Jeder andere Spieler hätte sich Urlaub genommen oder sich notfalls krank gemeldet. Nun hatte ich die Antwort, warum dieser Ausnahmespieler nie höher spielte als Verbandsliga. In einer Liga, in der er eigentlich unterfordert war. Ich gebe hier nun eine Erklärung dafür ab, sie muss nicht stimmen, aber ich persönlich bin davon überzeugt, dass sie auf diesen Spieler zutrifft. Aber lesen Sie selbst, und bilden sich dann eine eigene Meinung.

# Angst vor Misserfolg

Bei Sportlern gibt es zwei unterschiedliche psychische Stereotypen und zwar den Athleten "Hoffnung auf Erfolg" und den Athleten "Angst vor Misserfolg".

Diese Erscheinungsformen können unterschiedlich stark ausgeprägt sein.

"Hoffnung auf Erfolg" kann so extrem vorhanden sein, dass der Fußballer viel zu eigensinnig und egozentrisch agiert.

"Angst vor Misserfolg" kann so stark ausgeprägt sein, dass der Fußballer keine Verantwortung und kein Risiko übernehmen will, und den Ball so schnell wie möglich weiterspielt (nur Sicherheitspässe).

Hier in oberen Amateurklassen konnte Wamba mit hohem Selbstvertrauen auftreten. Er brauchte keinen keine Angst vor Misserfolg zu haben. Während des Probetrainings beim Bundesligisten hatte Wamba wohl diese Angst, und suchte nur einen Grund, vielleicht auch nur im Unterbewusstsein, nach Hause geschickt zu werden (hier in diesem Fall rauchte er einfach eine Zigarette während der Trainingszeit) . So hatte er die Gewissheit, dass er zumindest fußballtechnisch nicht versagt hatte. Bei einer zweiten Einladung eines anderen Bundesligisten ging er einfach nicht hin.

Nun schweife ich ein bisschen vom Thema ab, weil vielleicht der ein oder andere Trainer/in dieses Buch liest (nicht interessierte Leserinnen und Leser springen bitte auf Seite 45).

Für den Spieler Wamba aber war der "Zug abgelaufen", seine Chancen vertan. Er war inzwischen zu alt für den Einstieg in die Bundesliga geworden. Man hätte ihn anders fördern müssen. Niemand erkannte, dass neben dem selbstbewussten Auftreten ein Spieler mit einer "Maske", ein reiner Selbstschutz vorlag.

Angst vor Misserfolg

Wie fördert man nun diese zwei unterschiedlichen Stereotypen des Sports?

Hier muss der Fußballtrainer unterschiedlich auf die Jugendlichen Fußballer eingehen. Der Athlet "Angst vor Misserfolg" braucht einen konsequenten Aufbau des Selbstvertrauens. Der Spieler wird im Training mit Aufgaben der Verantwortung beschäftigt. Hierfür gibt es unterschiedliche Aufgabenstellungen, z.B. darf dieser Spielertyp in einem Trainingsspiel als einziger weite Bälle schlagen, den Freistoß oder die Eckball treten, Einwurf ausführen oder einen Angriff abschließen.

Weiterhin können diese Jugendfußballer in Spielen gegen wesentlich schwächere Mannschaften mit Führungsaufgaben eingesetzt werden. Hier ist die Wahrscheinlichkeit eines Erfolgs wesentlich höher und das Selbstvertrauen wird gestärkt.

Der Spieler bekommt beispielsweise bestimmte Aufgaben wie, "gehe an der Außenlinie an deinem Gegenspieler vorbei, laufe bei einem Konter mit nach vorne bei einem Anspiel schließt du mit einem Torschuss ab, du schießt den Elfmeter, du spielst überwiegend lange Bälle usw."

Der Athlet „Hoffnung auf Erfolg" muss bei zu egoistischem Spiel gebremst werden. Diese Situation kann allein schon durch ein Gespräch mit dem Trainer bereinigt werden.

Bei einem Scheitern wird der Jugendfußballer mit leichten Sanktionen belegt. Bei Trainingsspielen darf dieser Sportler immer nur maximal dreimal den Ball pro Anspiel berühren, er darf nicht auf das Tor schießen, keinen Einwurf oder Eckball ausführen oder keinen Gegenspieler austricksen.

In einem Wettspiel kann dieser Fußballer z.B. nur mit Defensivaufgaben belegt werden (diese Maßnahme sollte allerdings bei einem offensiven Spieler maximal 15 Minuten betragen, denn wird zu lange gegen die Spielernatur agiert, verliert der jugendliche Spieler das Interesse am Fußball).
Wie motiviert man Spieler zusätzlich?
Motivation ist zunächst eine geistige Energieform, die in die Praxis umgesetzt werden muss. Diese Umsetzung muss effektiv auf ein bestimmtes Ziel eingesetzt werden und die Aufrechterhaltung bleibt bis zur Erreichung des Ziels.
In der Regel sind die meisten Jugendlichen (Kinder sowieso) in Bezug auf ihre gewählte Sportart motiviert bis stark motiviert (Ausnahmen treten bei familiären Problemen, Alkohol- oder Drogensucht, Erreichen eines zu hohen Übergewichts usw.).
Der Trainer hat die Aufgabe, die Motivation zu erhöhen und in die richtige Richtung zu lenken. Der Motivationsfaktor wird durch die Auswahl der optimalen Trainings-und Übungsformen erreicht, d.h. langweiliges und monotones Aufwärmen oder immer das gleiche Schusstraining sind z.B. zu vermeiden).
Die Schwachpunkte der einzelnen Spieler sind zu analysieren und müssen individuell trainiert werden. Dies kann z.B. über ein Stationentraining (ab F-Jugend) erreicht werden. An den Stationen wird z.B. Einwurf auf Weite trainiert, Schusstraining, Eckballtraining, Kopfballtraining, Passtraining, Fintentraining, Ausdauertraining, Sprinttraining und vieles mehr.
Die Spieler werden in Gruppen mit relativ gleichen spielerischen Defiziten aufgeteilt und den entsprechenden

# Angst vor Misserfolg

Übungsstationen zugeteilt. Nach einiger Zeit wird die Station gewechselt und dabei den Gruppen verstärkt die Übungen zugeteilt, in denen sie den größten Nachholbedarf haben.

Nach diesem kurzen Exkurs kommen wir im nächsten Kapitel zurück zu unserem Spieler Wamba.

Die Rote Karte

Die Rote Karte

So zogen sogar die Jahre ins Land, ohne dass Wamba den Verein wechselte. Er spielte nie höher als Verbandsliga, aber bekam trotzdem ein nettes zweites Gehalt, und hatte einen gut bezahlten Job als Lagerarbeiter. Er schien damit zufrieden. In diesen Amatuerligen war er der unangefochtene "Held", und er lockte hunderte von Zuschauern an. Manchmal besuchten tausend Zuschauer oder mehr die Heimspiele von Wamba und seiner Truppe.

1997 sah ich ihn ein letztes Mal spielen. Inzwischen war er deutlich korpulenter geworden. Ja, ein starker Bauchansatz war zu sehen, seine Bewegungen waren deutlich langsamer, die Laufwege wurden kürzer und die Erholungsphasen waren länger. Nur noch schusstechnisch war er den anderen Spielern haushoch überlegen. Die Schusskraft und ihre Präzision war wie in alten Zeiten.

In den vier Jahren, in denen ich Wamba beobachtete, gab ich mich jedoch nicht zu erkennen, ihm meinen Dank auszudrücken für die Hilfe in der Diskothek, blieb ich ihm schuldig.

Ich weiß, dass man sich für eine solche Hilfe mehr als bedanken muss, aber ich blieb es ihm einfach schuldig. Hier wusste ich noch nicht, dass ich mich viele Jahre später doch einmal auf eine sonderbare Art und Weise bei ihm erkenntlich zeigen würde.

Doch kommen wir zunächst zu seinem letzten Spiel. Inzwischen spielte er mit seinem Team wieder in der Landesliga. Sein letztes Spiel war eine Heim- und Meisterschaftsspiel. Wamba wurde sehr oft gefoult und hart angegangen, dadurch bekam er aber auch viele Freistöße zugesprochen.

 **Die Rote Karte**

Ende der zweiten Halbzeit sicherte er sich die Ausführung eines Freistoßes aus halbrechter Position, aus etwa 35 Meter Torentfernung. Die gegnerische Mannschaft positionierte tatsächlich eine Zwei-Mann-Mauer (!). Wie viel Respekt hatte man vor diesem Freistoßschützen. Wamba lief zum Freistoß an, und schoss den Ball mit dem linken Innenspann. Der Ball flog über die Mauer, und schien in einem gewaltigen Rechtsbogen in den Himmel zu verschwinden. Doch dann senkte sich der Ball fast senkrecht nach unten. Er landete allerdings nicht im Netz, sondern blieb oben rechts auf diesem liegen. Der Torwart hatte sich keinen Zentimeter bewegt, er wäre chancenlos gewesen. Sekundenlang herrschte absolute Stille im kleinen Stadion, so beeindruckend war dieser Freistoß. Sie verstehen, dass man einen solchen Freistoß mit Worten niemals genau wiedergeben kann, man muss es einfach gesehen haben.

In der zweiten Halbzeit wurde Wamba im Sechzehner gefoult, und bekam einen Elfmeter zugesprochen. Er hämmerte ihn einfach oben links rein, wieder keine Bewegung vom Torwart. Dies hatte für ihn einen Vorteil, die Gefahr eines Fingerbruches bei der Ballabwehr blieb aus. Doch jetzt kommen wir zu einem Eklat. Obwohl Wamba permanent gefoult wurde, bekam keiner seiner Gegenspieler auch nur eine Karte, nicht einmal die Gelbe Karte. Gegen Ende der zweiten Halbzeit wurde er noch einmal wuchtig gefoult, sein Gegenspieler vom Schiedsrichter nur ermahnt. Wamba verlor die Nerven, und fragte den betreffenden Spieler: "Spinnst du?" Das wiederum war für den Schiedsrichter ausreichend, um Wamba die Rote Karte zu zeigen (!). Hier verstehe ich einfach die Verhältnismäßigkeit nicht mehr. Direkt fragte ich mich damals, war hier

Die Rote Karte

Korruption im Spiel, sollte Wamba mit seiner Truppe nicht wieder aufsteigen oder lagen hier persönliche Dinge vom Schiedsrichter gegen ihn vor? Oder war es nur Unvermögen vom Schiedsrichter? Ich persönlich hätte dafür noch nicht einmal eine Gelbe Karte gezückt, aber ich bin kein Schiedsrichter.

Wamba verließ das Spielfeld, und schritt an mir vorbei. In dieser Situation sprach ich zum ersten Mal mit ihm: "Sie haben doch gar nichts gemacht".

Seine kurze Antwort im Vorbeigehen und sichtlich wütend:

"Ne, ich hab dem Spieler nur freundlich eine Frage gestellt, ich hab noch nicht mal ne Antwort bekommen."

Das war für Wamba das letzte Fußballspiel als Aktiver, er hörte einfach auf zu spielen (!).

Erinnern wir uns an den Spielertyp "Angst vor Misserfolg". Ich denke, er wollte seine Fußballkarriere beenden, bevor seine deutliche Spielüberlegenheit versiegt.

Ehrlich gesagt, ich kann diesen Gedankengang, wenn es denn so war, vollkommen nachvollziehen.

Wamba beendete seine aktive Fußballkarriere mit nur 31 Jahren, sichtlich älter und fülliger geworden. Er wirkte körperlich schon wie 40 bis 45 Jahre alt.

Das Seminar

Das Seminar

Wiederum einige Jahre später traf ich den Fußballer Wamba wieder. Inzwischen sind wir bereits im Jahr 2002. ich leitete ein zweitägiges Seminar für Fußballtrainer, Übungsleiter, Fußballinteressierte oder auch angehende Fußballtrainer.

Dieses Seminar war kostenfrei für die Teilnehmer, und wurde von einer Privatperson gesponsert. Aus technischen Gründen war die Teilnehmerzahl auf 48 Personen begrenzt, d.h. die ersten 48 Anmeldungen konnten nur berücksichtigt werden.

Zum Seminarbeginn in einer gemütlichen Räumlichkeit in Mönchengladbach erschienen dann auch wirklich 48 Teilnehmer am ersten Tag, den folgenden Tag erschienen immerhin noch 46 Teilnehmer. Okay, die Qualität meines Vortrages konnte damit also nicht so schlecht sein.

Das Hauptthema meines Vortrages lautete "Fußballtrainer - Psychologie und Basiswissen". Ein eigentlich langweiliges Thema, aber für jeden Trainer von höchster Bedeutung. Die psychologischen Faktoren beim Führen einer Mannschaft werden sehr oft unterschätzt. Ich kann mich erinnern, als ich Konditionstrainer und Co-Trainer einer Bezirksliga-Mannschaft war, welche gravierenden Fehler in diesem Bereich vom Trainer gemacht worden sind. Der erste Trainer wurde nach wenigen Spieltagen "gefeuert". Er verlangte mannschaftstaktisch zu viel von seinen Spielern. Die Hobbyfußballer verstanden ihn nicht, was er nicht einmal bemerkte. Der folgende Trainer war vollkommen auf Disziplin focussiert wie für eine Bundesliga-Mannschaft , und nur auf seinen persönlichen Erfolg bedacht, regierte er die Truppe mit eiserner Härte. Der Abstieg war die Folge.

Das Seminar

Das Seminar richtete sich also an Trainer und Trainerinnen, die keine oder relativ wenig Erfahrung im Umgang mit jugendlichen (gemeint ab Bambini) oder erwachsenen Fußballspielern hatten. Ich ging hier ausführlich auf die Verhaltensweisen des Trainers oder der Trainerin ein, die für das perfekte Führen einer Mannschaft erforderlich sind. Weiterhin wurden die psychologischen Aspekte und ihre Förderung intensiv abgehandelt, die unabdingbar sind für eine harmonische und erfolgreiche Spielerentwicklung.

Der Trainer/in hat die Aufgabe starke Spieler mit einer starken Persönlichkeit zu fordern, welches besonders im Kindes- und Jugendalter von allerhöchster Bedeutung ist.

Fußballspieler brauchen nicht nur eine gute Kondition und Technik, sondern auch psychologische Faktoren müssen im Trainingsprozess integriert werden. Die Spieler müssen in der Lage sein (nach guter Förderung durch Trainer/in und Eltern), sich und ihr Handeln selbst zu regulieren, und trotz Widerständen und Schwierigkeiten ihre Handlungen und Leistungsfähigkeit aufrechterhalten zu können.

Natürlich ging ich hier auch auf die hohe Verantwortung des Trainers in Bezug auf Fußballer im Kindes- und Jugendbereich ein. Für die Schutzbefohlenen trägt der Trainer/in während der Trainingszeit usw. die volle Verantwortung. Was muss hier beachtet werden?

Trainingsübungen gibt es im jeden Fußballbuch über Training zu genüge. In diesem Seminar behandelte ich auch einmal welche Übungen, Verhaltensweisenund psychologische Dinge nicht in einem Trainings- und Spielbetrieb eingesetzt werden sollten. Weiterhin ging ich auf grundlegende Trainingsprinzipien ein. Dies war natürlich nicht das einzige

Das Seminar

Thema, welches wir in diesem Seminar über insgesamt acht Stunden besprachen. Hier möchte ich auch erwähnen, an gleicher Stelle tat ich dies auch tatsächslich während des Seminars, dass ich bereits einige Bücher für Fußballtrainer und Fußballtrainerinnen erfolgreich geschrieben habe. Dabei handelt es sich um Bücher für Trainer/in vom Bambini bis zum Seniorenbereich der Profis.

Nun, viele können sich denken, wer dem Seminar auch teilnahm. Ja, in der hintersten Reihe saß der Fußballer Wamba. Er hatte inzwischen wiederum einige Kilogramm zugenommem, und war auch für 36 Jahre stark übergewichtig. Wollte er nun eine Trainerlaufbahn beginnen oder war er schon Trainer? Wieder hatte ich den Vorsatz mit ihm zu sprechen, und mich zu bedanken, auch wenn der Vorfall nun schon über elf Jahre zurücklag. Ich beschloss, ihn am Ende des Seminars nach dem zweiten Tag anzusprechen.

Während meines ganzen Vortrages, Diskussionen zwischen mir und den Teilnehmern, der Teilnehmer untereinander oder irgendwelchen Beiträgen sonstiger Art, saß Wamba nur da, und hörte sich alles konzentriert an (so wirkte es zumindest). Er hatte wie immer dieses leichte Lächeln im Gesicht, welches ihm den Ausdrück einer leichten Fröhlichkeit verlieh. Gegen Ende Des Seminar gab es dann eine kleine Überraschung. Wamba erhob seinen Arm. Er wollte tatsächlich eine Frage stellen oder einen mehr oder weniger langen Beitrag leisten. Ich war gespannt, und hoffte eigentlich, dass es sich um eine längere Wortmeldung handeln würde. Auch die anderen Teilnehmer waren gespannt, denn nach zwei Tagen fällt es auf, wenn jemand überhaupt keine aktive Beteiligung zeigt. Ich erteilte ihm das Wort.

 **Das Seminar**

Wamba stelllte eine Frage: "Wie wird der Profi-Fußball auf höchstem Niveau in der Zukunft aussehen?"

Das war alles, und es war deutlich zu erkennen, wie viel Energie ihm diese einzige Frage kostete. Nicht das Sprechen direkt war anstrengend für ihn. Er fühlte sich vollkommen unsicher in dieser "Menschenmenge". Ja, er war geradezu menschenscheu. Dies alles bestätigte auch meinen Verdacht, dass er ein Athlet des Stereotyps "Angst vor Misserfolg" war. Zum ersten Mal empfand ich eine Art Mitgefühl, also nicht das Gefühl Mitleid, für Wamba. Diese beiden Faktoren blockierten ihn während seiner gesamten Fußballkarriere. Er hätte nur einen einzigen wirklichen Freund gebraucht, der ihn im Bereich Fußball begleitet und unterstützt hätte. Was für ein Pech hatte Wamba, er war nur ganz knapp einer großen Fußballkarriere "entgangen". Wusste er das selbst?

Ich glaube, die Frage ist leicht zu beantworten. Ein so begnadeter Techniker weiß um seine Fähigkeiten.

Kommen wir zurück zur Frage. Ich gab ihm in etwa folgende Antwort: "Das System mit dem Weltklasse-Mannschaften spielen werden, wird ein 4-2-4-0 sein. Dieses System wollen wir als das Königs-System bezeichnen. Es kann nur sicher und in Perfektion gespielt werden, wenn alle Feldspieler technisch versiert und konditionell absolut austrainiert sind in Kombination mit einer hohen Spielintelligenz.

Aufgrund dieser Anforderungen wird das System nur selten gespielt. Aber Mannschaften, die im höchsten Profi-Bereich oder sogar eine Europa- oder Weltmeisterschaft gewinnen wollen, können nicht ständig mit einem leicht berechenbaren 4-2-3-1 spielen. Hier stellt sich nebenbei die Frage, ob einige Länder nicht frischen Wind in ihre Nationalmannschaft

bringen wollen, mit einem neuen nicht antiquierten Trainerstab.

Das 4-6-0 ist eigentlich ein 4-2-4-0 ohne einen wirklichen Stürmer. Die gegnerische Mannschaft findet überhaupt keine Zuordnung zu den Spielern in diesem System, da sie keine festen Positionen besitzen. Der Gegner wird verunsichert, und selber aus seinen Positionen herausgelockt. Dadurch entstehen zwangsläufig Lücken in der Abwehr.

Die vier Offensivspieler aus der sechser Reihe des 4-6-0 müssen blitzschnell in diese Lücken vorstoßen, und brauchen hierfür die höchste Spielintelligenz.

Rumänien spielte 1994 im Viertelfinale als erste Mannschaft gegen Argentinien mit dieser Formation und gewann mit 3:2.

In absoluter Perfektion gespielt, kann bei diesem System ein ständiger Positionswechsel vollzogen werden. Hierbei könnte jeder Feldspieler jederzeit Abwehr, Mittelfeld oder Angriff spielen. Für den Gegner ist es nun unmöglich, sich auf das Spielgeschehen einzustellen. Die Abwehrspieler bekommen es ständig mit einem neuen Angreifer zu tun, und die Stürmer werden permanent mit einem anderen Verteidiger konfrontiert. In dieser Perfektion wurde das System aber noch nie gespielt, weil dabei jeder Spieler extrem hohe konditionelle Fähigkeiten braucht und auch technisch keine Schwachpunkte haben darf.

Aber irgendwann wird es eine Profi-Mannschaft oder Nationalmannschaft geben, die diese Spieler besitzt, und dadurch nicht auszurechnen ist.

Mit anderen Worten diese Mannschaft würde ein 4-2-4-0 spielen, aber die Spieler bekommen vom Trainer jeden Freiraum zugesprochen, und können ihre Positionen

wechseln wie sie möchten.

Voraussetzung ist natürlich, dass ein anderer Spieler die freigewordene Position sofort einnimmt. Hierbei ist die Mannschaft perfekt eingespielt und versteht sich blind.

Die Laufleistungen der Spieler werden weiter zunehmen und dadurch wird der Spielertyp durchweg leicht und athletisch sein. Der klassische Stürmer wird verschwinden und das Spiel trotzdem offensiver werden.

Schwergewichte wie Jan Koller, im Strafraum "festgewachsene Stürmer" wie Gerd Müller oder reine „Kopfballungeheuer" wie Horst Hrubesch werden im Profi-Geschäft seltener oder ganz verschwinden. Längst haben sich die Abwehrspieler und Torleute auf diese Spielertypen eingestellt und können sie relativ leicht ausschalten.

Die Leistung der Torwächter nimmt stetig zu und immer weniger Tore fallen aus Standardsituationen.

In Zukunft werden sich viele Mannschaften nicht mehr allein auf gute Abwehrarbeit verlassen, um dann häufig durch Standardsituationen im Angriff zu treffen.

Nein, die gegnerische Mannschaft wird durch Kurzpassspiel und Positionswechsel schwindelig gespielt und im entscheidenden Moment erfolgt der Pass in die Lücke mit abschließendem Torschuss."

Die Antwort stellte Wamba und die anderen Kursteilnehmer sichtlich zufrieden.

Das Seminar war schließlich zu Ende, und ich wollte Wamba abpassen. Aber ich hätte es mir denken können, der scheue Mann war der erste, der fast fluchtartig den Raum verließ.

Letzte Begegnung

Letzte Begegnung

Es vergingen viele Jahre. Meinen kleinen Nebenjob als Head-Hunter übte ich schon lange nicht mehr aus. Er war auf Dauer einfach zu zeitintensiv. Jedes Wochenende an irgendeinem Fußballplatz stehen oder in der Woche sogar ein Training beobachten, permanent Zeitungen oder später auch das Internet zu durchforsten wurde mir doch zu mühselig. Fast meine gesamte Freizeit verbrachte ich nun mit meiner Ehefrau Marion. Eine ruhige Zeit begann, aber gleichzeitig auch die schönste Zeit unseres Lebens. Von 2003 bis 2006 arbeitete ich als Sportlehrer an einer Gesamtschule, aber dieser Beruf füllte mich keineswegs aus. Unser Fitness-Studio war verkauft. Ich suchte einen neuen Job. Meine Frau gab mir den Tipp, "hey du kannst englisch und spanisch und deutsch, arbeite doch als Übersetzer und zusätzlich noch intensiver als Schriftsteller."

Meinen Zeitaufwand als Schriftsteller für Fußball-Bücher erhöhte ich sofort, und nach einigen Monaten bekam ich eine Arbeit als Übersetzer für ein großes Maklerbüro. Mittlerweile habe ich etwa 20 Bücher veröffentlicht, und auch beruflich wohl meine schönste Zeit erreicht. Unser Sohn Ron ist beruflich hervorragend aufgehoben, und sein Hobby, den Boxsport, führt er leidenschaftlich aus. Den Fußballer Wamba hatte ich fast vergessen. Nur gelegentlich dachte ich noch an den Ausnahmefußballer. Damit verbunden war aber immer ein "kleines" schlechtes Gewissen, weil ich mich nie bei ihm bedankt hatte. Ich war davon überzeugt, dass ich den untersetzten Fußballtechniker niemals wiedersehen würde. Ein Irrtum, wie sich eines Tages herausstellen sollte.

 # Letzte Begegnung

Jetzt befinden wir uns bereits im Sommer des Jahres 2016. Meine Frau und ich befanden uns auf dem Weg nach Hamburg mit dem Auto. Marion saß die etwa 400 Kilometer lange Strecke ausschließlich am Steuer. Dies war technisch nicht anders möglich, da ich nur einen Motorradführerschein besitze. Wir waren von einem befreundeten Ehepaar eingeladen, welches in dieser Stadt seit etwa acht Jahren lebt. Der Mann, nennen wir ihn Mike, ist nebenberuflich als Trainer einer Oberliga-Mannschaft tätig.

Unterwegs bekamen wir einen Anruf von Mike, dessen Botschaft mich sehr erfreute. Er wusste natürlich, dass ich neben einem regelmäßigen Krafttraining auch leidenschaftlich gern Fahrrad fahre. Diese Information ist für den weiteren Verlauf unserer Reise mit einem kleinen Abstecher notwendig.

Er teilte mir mit, dass wir in Hamburg zuerst den Stadtteil Bergedorf ansteuern sollten. Hier gab er mir die Adresse einer Spedition. Dort sollte ich bis zur Laderampe vorfahren, und mich einem Angestellten namentlich zu erkennen geben. Ja, das war der Humor von Mike, immer zu solchen Überraschungen gut. Ich war gespannt, was uns dort erwarten würde. Wir fuhren also zu der besagten Spedition direkt bis zur Laderampe vor. Ich stieg aus dem Wagen, und erklomm die kleine Treppe an der Rampe. Dort kam mir schon ein junger Angestellter entgegen, und fragte mich recht schroff, was ich hier wolle. Als ich ihm meinen Namen sagte, lächelte er kurz und sagte, dass ich einen Moment warten solle, er habe da eine Kleinigkeit für mich. Ich wartete, fünf Minuten, zehn Minuten, nach fast 15 Minuten erschien eine andere Person. Sie schob ein "Holland-Fahrrad", dessen Rahmen mit einer Pappverkleidung noch geschützt war. Zunächst achtete ich mehr

Letzte Begegnung

auf das Fahrrad als auf den Mann, der dieses schob. Es war ein sehr hochwertiges Fahrrad einer renommierten Firma mit einer sieben Gang Nabenschaltung. Es war ein "Gastgeschenk" von Mike an mich, welches mich sehr erfreute.

"Hallo, dieses Fahrrad ist für Sie," sprach der Überbringer.

Jetzt erst schaute ich mir den Angestellte genauer an. Ja, Sie haben es erraten, vor mir stand der Fußballer Wamba. Wie kam er in diese Stadt, woher hatte er diesen Job? Allerdings interessierten mich die Antworten darauf nicht wirklich brennend. Viel mehr hatte ich nun die optimale Gelegenheit, mich endlich bei ihm zu bedanken. Ich meine natürlich nicht für die Übergabe des Fahrrades.

Ich bedankte mich dennoch für dieses, und sagte:" Sie sind der Fußballer Wamba, der früher am Niederrhein zuhause war, nicht wahr."

Kurzzeitig strahlten seine Augen, und sein Stolz war erkennnbar, dass ihn hier in Hamburg jemand erkannte, als das, was er einmal war. Wamba war inzwischen stark untersetzt, und wirkte älter als 50 Jahre.

"Ich habe viele Spiele von Ihnen gesehen, Sie waren ein großartiger Techniker, und hätten mit etwas Glück auch in der 1. Bundesliga spielen können," gab ich ihm zu verstehen.

Auf meine Bemerkung ging er nicht ein, obwohl sein Stolz immer noch erkennbar war.

Stattdessen erwiderte er:" Ich kenne Sie auch, Sie haben vor vielen Jahren ein Fußballseminar geleitet, an dem ich teilnahm."

Sofort erkannte ich, wie viel Energie ihm dieser Satz kostete. Wamba war alles, nur kein Schwätzer. Diesem scheuen Mann fiel das Reden immer noch schwer. Ich fragte nach seiner

Letzte Begegnung

Frau, seinen Kindern, wie ihm sein Job gefällt usw.

Hier war alles im "grünen" Bereich, seine Antworten waren knapp und präzise. Nun war eigentlich der optimale Zeitpunkt gekommen, mich zu erkennen zu geben, und mich bei ihm zu bedanken. Aber irgendetwas blockierte mich.

Stattdessen gab ich ihm eine Visitenkarte meines Freundes Mike, und versicherte ihm, dass er ihm einen gut bezahlten Trainerjob verschaffen könne. Hierbei zeigte er keine Regung, steckte die Karte beiläufig in seine Hemdtasche, bedankte sich, obwohl ich ja eigentlich in seiner Schuld war. Dies bedrückte mich ein wenig. Ich verabschiedete mich, und wünschte Wamba viel Glück.

Meine Frau hatte sich in diesen 20 Minuten ein wenig die Füße vertreten, und war nun doch erleichtert, dass es nach der langen Fahrt endlich weiterging. Wir luden das Fahrrad in unseren Kombi und fuhren weiter.

"Weißt du wer das war? Der Fußballer Wamba," bemerkte ich.

"Was, wie kommt er denn hierher? Ich hätte ihn gar nicht erkannt. Er ist irgendwie viel dicker und älter, und scheint ein wenig geschrumpft zu sein," sagte sie vollkommen erstaunt.

Sie hatte mich manchmal zum Fußballplatz begleitet, und kannte daher Wamba. Die Geschichte aus der Diskothek hatte ich ihr nie erzählt, aber schon bald sollte der Tag kommen, als ich ihr diese "beichten" musste.

Der Brief

Der Brief

Der Rest der Geschichte ist schnell erzählt. Wamba meldete sich tatsächlich bei meinem Freund Mike. Er verschaffte ihm einen Job als Co-Trainer bei einem Oberligisten. Hier schlug Wamba wie eine "Bombe" ein. Er war wieder in seiner Welt, in der er sich wohl fühlte. Mike berichtete mir, dass von Hemmungen Wambas nichts zu merken ist, so bald er seine Jungens trainiert. Wamba pflegt seine Mannschaft mit "Jungens" zu bezeichnen. Mike hat das Gefühl, Wamba sieht sie wie seinen eigenen Kinder an. Er zeigt so viel Engagement in seinem Job, wird von alllen sehr geschätzt und brachte der Truppe rein schusstechnisch schon ein höheres Niveau. Im Jahr 2018 wurde Wamba Trainer dieser Mannschaft.

Im Sommer 2018 bekam ich vollkommen unerwartet einen Brief von Wamba. Die Adresse bekam er von meinem Freund Mike, wie er mir selbst später bestätigte.

Ich öffnete den Brief, und weil meine Frau anwesend war, las ich ihn laut vor:

"Sehr geehrter Herr Schnepper, vielen Dank, dass Sie mir die Visitenkarte ihres Freundes gegeben haben. Wie Sie bereits wissen, ist dies die Ursache dafür, dass ich nun der Trainer einer Oberligamannschaft bin. Damit haben Sie sich dafür revanchiert, dass ich Ihnen vor vielen Jahren einmal in einer Diskothek den Rücken freigehalten habe. Gruß Wamba".

 # Fußballer Hans im Glück

Fußballer Hans im Glück

Fußballer Hans im Glück wurde am 31.5.1991 in Dresden geboren. Er hatte das Glück, dass er nach der Wende als freier Mensch in der Hauptstadt des Bundeslandes Sachsens geboren wurde. Im weiteren Verlauf sprechen wir den Fußballer Hans im Glück mit seinem richtigen Namen "Hans" an.

Er hatte das Glück, dass er wohlbehütet seine Kindheit in Dresden abschließen konnte. Daran beteiligt war die perfekte und liebevolle Erziehung seiner Eltern, die nicht nur Hans genoss, sondern auch seine drei Geschwister.

Seine Geschwister spielen in dieser Geschichte keine Rolle, und werden deshalb nicht mehr erwähnt.

Hans entwickelte ähnlich wie seine Eltern ein liebevolles und gutmütiges Auftreten. Aber eines unterschied ihn von seiner ganzen Familie, er spielte Fußball mit einer schon erschreckenden Leidenschaft.

So kam es, dass er im Alter von nur 18 Jahren zum ersten Mal beim Dynamo Dresden in der ersten Mannschaft auflief. Zu diesem Zeitpunkt spielte der Verein in der 3. Bundesliga.

Die Mannschaft gewann das Heimspiel gegen den Favoriten mit 6:0. Alle Tore erzielte Hans. Sofort wurden alle großen Vereine in Deutschland auf diesen Ausnahmespieler aufmerksam. Beim nächsten Auswärtsspiel gewann Dynamo Dresden 6:1, vier Treffer davon schoss Hans.

Nun flatterten die Angebote der Bundesligavereine nur so in den Briefkasten von Hans.

Das beste Angebot machte ihm der Hamburger SV, nachdem er dort ein Probetraining absolviert hatte.

 # Fußballer Hans im Glück

Doch beschreiben wir einmal die einzigartigen und kombinierten fußballerischen Fähigkeiten von Hans.
Als erstes betrachten wir die Schussgenauigkeit, Schusskraft und Schussgeschwindigkeit der fünf besten Fußballer der Welt in Bezug auf diese Aspekte.

Auf dem fünften Platz liegt hier David Beckham mit 156,6 km/h. Aber besondere Aufmerksamkeit erweckte dieser Ausnahmespieler wegen seiner präzisen Bogenflanken und perfekt und gefühlvoll getretenen Freistüößen.

Auf dem vierten Platz folgt David Trezeguet mit 156,8 km/h.
Der französische Stürmer David Trezeguet gehörte zu den besten Stürmern seiner Generation und erzielte 10 Jahre lang für Juventus Turin Tore.
Den Treffer mit der höchsten Geschwindigkeit erzielte er allerdings für den AS Monaco im Champions League Spiel gegen Manchester United im Jahr 1998.
Mit 156,8 km/h hämmerte Trezeguet den Ball ins Tor der Red Devils. Das ist bis heute (Stand Februar 2020) der härteste Treffer der Champions League Geschichte

Den dritten Platz nimmt David Hirst mit 182,4 km/h ein.
Er ist ein ehemaliger Fußballer, der überwiegend für Sheffield Wednesday in der Premier League auf Torejagd ging.

 # Fußballer Hans im Glück

Auf Platz 2 kommt Arjen Robben unter Vorbehalt mit 190 km/h.

Dass Arjen Robben einen der härtesten Schüsse im Fußball hat, ist weltweit bekannt. Er läuft oft von rechts nach innen, um dann mit links auf das Tor zu schießen.

Obwohl diese Strategie mittlerweile bekannt ist, ist diese trotzdem schlecht abzublocken, weil Robben auch noch extrem schnell ist und Robben immer wieder zum Abschluss kommt. Seinen härtesten Treffer erzielte Robben allerdings nur durch Volleyabnahme im Trikot von Real Madrid gegen Borussia Dortmund.

Bei Volleyabnahmen ist eine wesentlich höhere Geschwindigkeit des Balles aus physikalischen Gründen möglich. Natürlich gehen wir hier auf die spezielle Physik nicht weiter ein, weil sie für unser Thema unwichtig ist.

Weiterhin ist es nicht hundertprozentig bewiesen, ob der Ball wirklich mit 190 km/h ins Tor einschlug.

Auf Platz 1 liegt Ronny mit 210,9 km/h.

Sechs Jahre erzielte Ronny, der jüngere Bruder von Gladbachs Spielmacher Raffael, für Hertha BSC die Tore.

Seinen berühmtesten Treffer schoss für Sporting Lissabon. Dabei donnerte er in der 88. Minute einen Freistoß zum 1:0 Siegtreffer ins gegnerische Tor. Die hierbei gemessene Geschwindigkeit betrug unglaublichen 210,9 km/h!

Einen Schuss über 200 km/h hätte niemand für möglich gehalten. Darum wurden technische Untersuchungen durchgeführt, um zu prüfen, ob solch eine hohe Geschwindigkeit überhaupt möglich ist.

 # Fußballer Hans im Glück

Professor José Soares von der Sportfakultät der Universität in Porto überprüfte das und kam zu einem eindeutigen Ergebnis, dass bei einer optimalen Technik diese Geschwindigkeit möglich ist.

Jetzt haben wir einen Vergleich, und beschreiben die Schussqualitäten von Hans.

Seine maximale Schussgeschwindigkeit betrug etwa 150 km/h. Seine Schussgenauigkeit war ebenfalls extrem. Er verwandelte Freistöße in der Nähe des Strafraumes häufig direkt. Gelegentlich gelang es ihm sogar einen Eckball direkt zu verwandeln.

Er lag also hier eindeutig bei den besten Fußballern der Welt.

 # Fußballer Hans im Glück

2. Dribbeln, Passen und Finten

Doch wie sah es bei Hans beim Dribbeln, Passen und Finten aus. Hans war in diesen Punkten tatsächlich mit Maradona und Messi vergleichbar. Seine Passgenauigkeit lag bei 98 Prozent, er hatte eine extrem enge Ballführung und ein großes Repertoire an Finten.

 **Fußballer Hans im Glück**

3. Schnellkraft, Sprintbeschleunigung, Grundschnelligkeit, Sprungkraft usw. / 4. Kopfballstärke

Wie sah es hier bei Hans aus?
Schauen wir uns die schnellsten Fußballer genauer an, und betrachten hierbei zunächst die Grundschnelligkeit.

10. Sergio Ramos: 30,6 km/h

9. Franck Ribery: 30,7 km/h

8 Wayne Rooney: 31,2 km/h

7. Lionel Messi: 32,5 km/h

6. Theo Walcott: 32,7 km/h

5. Cristiano Ronaldo: 33,6 km/h

4. Aaron Lennon: 33,8 km/h

3. Antonia Valencia: 35, 1 km/h

2. Jürgen Damm: 35,2 km/h

1. Den Waliser Gareth Bale mit 36,9 km/h (!) und Arjen Robben mit 37,0 km/h (!) wollen wir auf den ersten Platz setzen.

.

 # Fußballer Hans im Glück

Diese Reihenfolge kann sich jederzeit ändern, und entspricht dem Stand von März 2020.

Doch was bedeuten diese Zahlen genauer im Vergleich zu Usain Bolt, der eine Höchstgeschwindigkeit von über 45 km/h laufen kann bzw. konnte. Zwischen 37 und 45 km/h ist ja noch ein riesiger Unterschied. Dies wird aber dadurch relativiert, dass auf dem Rasenplatz und oft auch durch krumme Laufwege keine optimalen Sprintbedingungen gegeben sind. Weiterhin sind Fußballschuhe auch zu schwer für die optimale Geschwindigkeit. D.h. unter perfekten Bedingungen mit Nagelschuhen (Spikes) würde Robben vermutlich 39 km/h erreichen, fast ein Spitzensprinter.

Wie schnell kann Arjen Robben nun in etwa die 100 Meter laufen, und zwar auf Tartan und mit Spikes bei optimalen Temperaturen und erlaubtem Rückenwind?

Dies können wir leicht errechnen mit den nötigen Vorkenntnissen. 39 km/h entspricht 10,83 Meter pro Sekunde. Das wiederum bedeutet eine Zeit über 100 Meter von 9,23 Sekunden bei gleichbleibender Geschwindichkeit. Nun müssen wir aber noch 1,2 Sekunden für die Beschleunigungsphase und Sprintausdauer einrechnen (39 km/h kann nicht nach der Beschleunigung permanent gehalten werden). So kommen wir auf eine 100 Meter Zeit von 10,43 Sekunden. Nach einem Exkurs werden wir die Beweise finden, dass dieses tatsächlich der Wahrheit entspricht, obwohl es unglaublich klingt. Die schnellsten Fußballer der Welt sind fast genau so schnell wie die besten deutschen Sprinter, es fehlen nur ein bis zwei Zehntel, als ein bis zwei Meter etwa.

 # Fußballer Hans im Glück

Welche Fähigkeiten in Bezug auf Schnellkraft, Sprintbeschleunigung, Grundschnelligkeit, Sprungkraft und Kopfballstärke besaß Hans nun?

Hans lief die 100 Meter handgestoppt regelmäßig zwischen 10,50 und 10,80 Sekunden auf einer Tartanbahn und mit Nagelschuhen.

Er zählte also auch zu den schnellsten Fußballern der Welt.

Hans hatte eine extreme Sprintbeschleunigung auf den ersten 10 bis 30 Metern, besaß eine enorme Sprungkraft und Kopfballstärke wie Cristiano Ronaldo.

 **Fußballer Hans im Glück**

5. Fußballspezifische Ausdauer

Natürlich hatte Hans auch eine hervorragende spezifische Muskelausdauer
Er ging lange und schnelle Laufwege wiederholt und ohne Probleme.
Schnelle Erholungsphasen während einer Partie mit Laufwegen von 10 bis 12 Kilometer waren für ihn an der Tagesordnung.
Beim Cooper-Test lief er in 12 Minuten 3600 bis 3700 Meter.

Auch eine hohe Spielintelligenz und Spielübericht hatte Hans in der Jugend aufgebaut, und auch in keinster Form verletzungsanfällig.
Seine körperliche Robustheit, Immunsystem, Resilienz und Führungsqualitäten waren ebenfalls fast einzigartig.

Als Hans am 2.7.2010 zum ersten Mal für den HSV auflief, war er also tatsächlich der beste Fußballer der Welt. Dies war aber erst rein punktuell, und somit nicht offiziell messbar.
Er hatte noch keine Spiele oder Tore in der Bundesliga oder sogar im internationalen Spitzen-Fußball erzielt.

 # Fußballer Hans im Glück

Hamburger SV gegen Inter Mailand vom 2.7.2010

Die Partie im internationalen Vergleich wurde um 20..00 Uhr im Hamburger Stadion angepfiffen. Es war das erste Spiel als Profi-Fußballer für Hans. Er war von der ersten Minute an dabei.

Sein Profi-Debut fand nicht in der Bundesliga statt, sondern direkt mit einem internationalen Spitzenspiel.

Hans war der Mann des Tages, wir befinden uns bereits in der 85. Spielminute, Spielstand 5:1 für den HSV.

Hans erzielte davon vier Treffer für seine Mannschaft. Alle Treffer waren mehr als sehenswert, eine direkt verwandelte Ecke, ein verwandelter direkter Freistoß aus knapp 30 Metern Entfernung, ein schönes Kopfballtor und ein Volleyschuss in Form eines Seitfallziehers aus etwa 15 Metern Torentfernung.

Jetzt schaute die ganze Fußballwelt auf Hans. Er selbst träumte plötzlich von der Fußballnationalmannschaft, und sah sich schon bei einem ganz großen Verein wie FC Bayern München oder Real Madrid.

So leicht hatte er sich dieses Spiel nicht vorgestellt.

Doch da passierte es, einen Riesensauerei, eine ungeöffnete 500ml Dose Bier traf Hans im Bereich der unteren Wirbelsäule. Sie wurde aus dem oberen Stadionbereich geworfen, und hatte im langen "Sinkflug" viel Energie aufnehmen können.

Experten berechneten die Geschossenergie, die auf den Lendenwirbel von Hans auftraf.

Die Dose hatte ein Gesamtgewicht von 517 Gramm, und traf Hans mit einer Geschwindigkeit von 30 m/s.

Die Formel zur Energieberechnung lautet hier 0,5 mal

Fußballer Hans im Glück

Gewicht in Kilogramm mal Geschwindigkeit zum Quadrat.

$$0,5 \times 0,517kg \times 900m^2/s^2 = 232.65 \text{ Joule}$$

Das entspricht der Geschossenergie einer kleinkalibrigen Pistole oder etwa der 30fachen Energiemenge eines Luftgewehrs, welches Sie ohne Waffenschein zu Hause aufbewahren dürfen, eine eventuell tödliche Geschossenergie traf also unseren Hans.

Nach dem üblen Treffer brach Hans sofort auf dem Rasenplatz zusammen, er wurde natürlich mit einer Liege vom Platz getragen und sofort ins Krankenhaus gebracht.

Die Diagnose im Krankenhaus war verheerend:

Hans hatte einen komplizierten Wirbelbruch mit verschobenen Bruchkanten und Splittern, der Wirbelkanal war stark beschädigt.

Hans wurde sofort operiert, man wollte ihn vor einer Querschnittslähmung bewahren.

Nach einer mehrstündigen Operation war er außer Gefahr.

Allerdings hatten die Mediziner ein Problem, sie mussten Hans mitteilen, dass er niemals wieder Fußballspielen darf.

Sie waren auf heftige Reaktionen seinerseits gefasst.

Als sie um sein Bett herumstanden, und endlich ein Arzt ihm die ganze Geschichte mitteilte, kam die erstaunliche Reaktion von Hans. Er lächelte fröhlich und sagte:" Ich hätte querschnittsgelähmt sein können, aber sie haben mich gerettet, ich bin wahrlich ein Hans im Glück."

 # Fußballer Hans im Glück

Altonaer Volkspark in Hamburg

Nach dem mehrwöchigen Krankenhausaufenthalt und einer mehrmonatigen Rekonvaleszenzzeit ging Hans allein im Altonaer Volkspark spazieren.

Er träumte von einer neuen Prime Time im Fußball. Zunächst müsse er sich wieder mit bestimmten Kraftübungen und speziellem Herzkreislauftraining fit machen, um dann später mit dem Balltraining beginnen zu können. Er verdrängte, dass extremes Training, falsche Bewegungen oder später auch Zusammenstöße mit Gegenspielern zu einer Querschnittslähmung führen könnten.

Just in diesem Moment stieß Hans ganz leicht mit einer jungen Frau zusammen. Beide waren so vertieft in ihren Gedanken, dass sie ihr gegenüber vollkommen übersahen.

Beide erschraken sich und entschuldigten sich absolut gleichzeitig, so dass sie auch zeitgleich lachen mussten.

Da war er wieder der Hans im Glück, seine Fußballgedanken schwanden augenblicklich und er sah nur noch das schöne Gesicht einer jungen Frau.

Die junge Frau erblickte die attraktive Gestalt eines jungen Mannes, dessen Höflichkeit und Freundlichkeit im förmlich im Gesicht standen.

Für beide war es Liebe auf den ersten Blick. Den Namen der jungen Frau möchte ich Ihnen nicht vorenthalten. Die 19jährige Inga und der 19jährige Hans hatten sich gefunden.

Es war genau am 1.2.2011 um 10.23 Uhr im Altonaer Volkspark in Hamburg.

Sie gingen nach ihrem leichten Zusammenstoß im Park spazieren, und wussten sofort, dass eine große Liebe entstehen

Fußballer Hans im Glück

würde.

So wurden die beiden ein glückliches Paar.

Inga wohnte mit ihren Eltern im schönen Stadtteil Bahrenfeld von Hamburg. Hier hatten sie auch den Firmensitz eines kleinen Unternehmens.

All das lag, wie oben schon erwähnt, im begrünten Wohnviertel Bahrenfelds, welches sich rund um den Altonaer Volkspark erstreckt, eine weitläufige Grünfläche mit schönen Blumengärten. Große Konzerte spielen sich in der Barclaycard Arena ab, während im Volksparkstadion die Fußballspiele, des alten Vereins von Hans, des Hamburger SV ausgetragen werden. Aber Hans vermisste den Fußball nicht mehr. Jetzt war alles viel schöner, und er war glücklich.

Bald arbeitete er in der Firma von Ingas Vater, er bekam ein gutes Gehalt, und wohnte mit Inga zusammen in der Villa derer Eltern.

So vergingen etwa zweieinhalb Jahre, und Hans und Inga beschlossen zu heiraten. Sie wollten eine kleine Familie gründen.

Die Hochzeit fand am 30.7.2013 statt. Morgens war die standesamtliche Trauung, abends war die große Feier. Hunderte von Gästen trafen sich in der Villa ein, darunter auch viele ehemalige Fußballkollegen aus Dresden und des Hamburger SV. Die Eltern und Brüder von Hans fehlten natürlich auch nicht. Die Feier ging bis spät in die Nacht, es folgte die Hochzeitsnacht und das späte Frühstück unseres Hochzeitspaares.

Beide waren verkatert, aber glücklich und verliebt wie am ersten Tag ihrer Begegnung im Park.

Doch nach dem Frühstück fasste Hans eine Entscheidung, die er besser gelassen hätte.

 # Fußballer Hans im Glück

So fuhr er etwa gegen 11.00 Uhr morgens mit dem Fahrrad durch Bahrenfeld. Er brauchte etwas Sauerstoff gegen seinen Kater. So radelte er müde, verkatert und mit sehr viel Restalkohol, aber vollkommen glücklich.

Doch dann geschah es, einen kurzen Moment passte er nicht auf. Er nahm einem Autofahrer die Vorfahrt. Dieser hatte noch nicht einmal die Zeit zu bremsen, und erwischte unseren armen Hans voll. Er flog mehrere Meter durch die Luft, und landete hart auf dem Asphalt. Mehrere Passanten waren Zeugen des Vorfalls, und wählten fast gleichzeitig den Notruf.

Der Fahrer leistete erste Hilfe, legte seine zusammengerollte Jacke unter den Kopf von Hans und hielt seine Beine hoch.

Er wollte einen Blutmangel im Gehirn des Verkehrsopfers vermeiden, ausgelöst durch den Schock.

Hans, edel wie er nun einmal war, versicherte dem Unglücksfahrer seine Unschuld, und nahm jede Verantwortung auf seine Kappe.

Während der Fahrer die Beine von Hans hielt, und auf den Rettungswagen wartete, war Hans vollkommen in seinen Gedanken untergetaucht.

Er dachte, welches Glück er doch habe. Kurzzeitig war er der beste Fußballer der Welt, dann konnte er dieses Glück noch einmal vergrößern. Er tauschte die Fußballkarriere gegen die beste und schönste Frau der Welt ein.

Und nun starb er ohne jegliche Schmerzen nach seiner Hochzeit, Hochzeitsfeier und Hochzeitsnacht.

Er hatte das Glück am schönsten Tag seines Lebens zu sterben. Er spürte, wie das Leben aus seinem Körper in die Bauchhöhle floss. Der schnelle Blutverlust würde ihm keine Zeit geben, Schmerzen zu haben.

 # Fußballer Hans im Glück

Auf einmal wurde Hans ganz schnell müde. Um ihn herum wurde alles schwarz, er war mit seinen Gedanken allein. Er konnte nichts anderes mehr wahrnehmen. Dann flattterten selbst die Gedanken, und schließlich wurde aus dem Schwarz und den flimmernden Gedanken, ein Nichts.

 # Fußballer Hans im Glück

Die Beerdigung

Nun stand sie dort an seinem Grab, die liebe Inga. Um sie herum waren Hunderte von Trauergästen. Nahm sie doch Abschied von ihrem liebsten Hans. Doch wollen wir Szene etwas genauer anschauen, was hielt sie dort in ihrer Hand, und warf sie in sein Grab. Es waren drei rote Rosen, aneinandergebunden und mit unterschiedlicher Blumenstiellänge.
Eine Rose war lang, die andere etwas kürzer, die dritte Rose war sehr klein.
Während Inga sich von Hans an dessen Grab verabschiedete, strich sie immer wieder über ihren Bauch, und flüstere ihrem Hans im Glück etwas zu.

 **Notizen**